企业发展与人才资源

QIYEFAZHANYURENCAIZIYUAN

田湘南 陈广仁 郑朝亮 刘 洋◎编著

暨南大學出版社
JINAN UNIVERSITY PRESS
中国·广州

图书在版编目（CIP）数据

企业发展与人才资源/田湘南等编著．—广州：暨南大学出版社，2013.12

ISBN 978-7-5668-0849-3

Ⅰ．①企…　Ⅱ．①田…　Ⅲ．①企业管理—人才管理—研究—中国　Ⅳ．①F279.23

中国版本图书馆 CIP 数据核字（2013）第 269842 号

出版发行：暨南大学出版社

地　址：中国广州暨南大学
电　话：总编室（8620）85221601
营销部（8620）85225284　85228291　85228292（邮购）
传　真：（8620）85221583（办公室）　85223774（营销部）
邮　编：510630
网　址：http：//www.jnupress.com　http：//press.jnu.edu.cn

排　版：广州市天河星辰文化发展部照排中心
印　刷：佛山市浩文彩色印刷有限公司

开　本：890mm×1240mm　1/32
印　张：4.375
字　数：100 千
版　次：2013 年 12 月第 1 版
印　次：2013 年 12 月第 1 次

定　价：15.00 元

前　言

本书是关于企业发展与人才资源的研究，主要阐述了中国古代传统企业的形成过程，诠释了资本主义企业在中国的产生和发展，全面概述了中国社会主义市场经济体制的形成和发展，并着重强调了市场经济体制是在中国共产党领导下由政府主导、以改革开放为动力所发展起来的。本书还阐述了中国企业发展同人才资源的关系，并且指出两者的联系非常紧密；诠释了人才资源在企业发展史上的作用，以及在现代和未来企业发展中的重要作用。在知识经济时代，谁要能抓住人才，留住人才，开发和利用人才，谁就能控制世界。这也印证了古人的一句名言：千军易得，一将难求。

20 世纪 80 年代，中国在改革开放设计师邓小平的倡导下，由计划经济体制逐步过渡到社会主义市场经济体制，在这个过程中邓小平有着历史性的功勋。市场化是中国经济步入全球化的历史前提条件。它不仅有着重大的现实意义，而且有着深远的历史意义，并且对整个中华民族屹立于世界民族之林和实现“中国梦”产生着深远的影响。

企业的改革和发展都伴随着社会经济的发展，而社会经济主体的行为就是企业的行为，因为从微观经济的角度来看，社会财富的创造者主要是企业。只要企业的管理形式和融资方式发生变革，就会促进社会生产力的发展，从而促进社会财富的增加、人民生活的富裕和社会的安定和谐。这就是所谓的经济基础决定上层建筑的唯物史观。

本书着眼于对中国传统企业的探究，其从手工业到作坊手工业再到资本主义工商业，最后到现代企业的发展都是在人才资源发展的历史过程中完成的。我国由计划经济体制到市场经济体制的形成经历了一个历史性的转变过程，由学习苏联模式到走中国特色社会主义道路也经历了一个历史性的转变过程。它的主要推动力来自邓小平的改革开放政策和市场经济体制的确立，释放了企业无穷的市场活力，尤其是“人才”在其中的创造力和竞争力。那么人才资源在企业发展过程中起了哪些作用？这无疑值得我们思考和探讨。

2001 年 12 月，我国加入世贸组织后，中国经济开始融入全球经济竞争的市场大环境中，同时也进入了一个现代企业管理的新时代，这就必然有现代企业的管理要求。无论是管理理念、管理方法、管理手段上，还是管理策略和管理模式上都必须实现现代化。这是对现代企业管理的客观要求，也是中国现代企业要走向世界市场的发展道路。人才资源与人力资源既有关系又有区别：人力资源是人才资源的物质基础和前提条件；人才资源是人力资源的内涵提升和知识技能的发展，是在人力资源基础上脱颖而出，经知识学习和技能训练等培养和发展而成的。人才成长的客观条件、环境因素是人才成长的重要因素，包括国内环境、国际环境以及时代背景和社会条件。本书论述了人才发展战略，人才的甄别，怎样看待人才、培养人才等问题，以及研究人才的开发与管理及重用和使用。这对于怎样甄别人才、怎样培养和造就人才起着十分重要的作用。要掌握“用人不疑”和“疑人不用”的原则，更要坚持任人唯贤和用德才兼备的人才，有才无德不用，有德无才也不用。因此，在培养和选拔时一定要十分重视，尤其是在企业高级管理、技术、财务、人事、营销和市场开发等部门把关。知识经济时代更要强调充分发挥高级人才的作用，因此，非常有必要挖掘和建立人才资源库。

最后是企业制度发展趋势的研究。无论是中国的企业，还是欧美的企业，都经历了一个由传统企业到现代企业的历史发展过程。但是中国企业不像欧美企业有几百年的发展历史，中国企业起步较晚，从事现代化管理的时间不长，而且没有经过完全资本化的发展过程。因此，中国企业应借鉴和学习欧美企业的管理模式，尤其是管理理念、管理方法和管理经验。中国企业无论是国有企业，还是民营企业都应扬长避短，借鉴和学习先进的现代企业管理制度，并以适应中国国情为原则，只有这样中国的现代企业才能保持基业长青，健康发展，在未来的国际竞争环境中立于不败之地。总之，要适应世界的现代企业管理发展潮流，就要有现代化的企业管理手段和发展高科技的能力，而最具核心内涵的就是人才资源发展战略。这是本书的重点所在。

本书作者为田湘南、陈广仁、郑朝亮和刘洋，全书由田湘南审核和统稿。凡是对本书写作和出版给予帮助和支持的好友，在此深表谢意。

编　者

2013 年 7 月

目　录

绪　论

一、中国企业发展简论

中国是世界上公认的文明古国，在古代，不仅有丰富灿烂的文化、泽被后世的“四大发明”，而且还有卓越的设计师和管理者，他们留下了无数伟大的历史遗迹，如著名的都江堰、赵州桥、万里长城和敦煌壁画等。在漫长的几千年岁月中，中国一直是亚洲各国发展的“领头羊”，并且一度出现过“大唐盛世”和“康乾盛世”的繁华局面。但到明朝末年，由于“夜郎自大”、加之清王朝“闭关自守”的政策，导致中国在150年前就开始落伍了。期间崛起的是西方列强，尤其是英国，在世界范围内称霸了几个世纪。第二次世界大战以后，代之而起的是美国，它凭借自己强大的经济和军事实力，在世界上推行一套霸权主义和强权政治的国际秩序。但是世界各国尤其是发展中国家要求世界多极化，要求有自己的发展空间。跨国公司的成立和发展、区域经济的联合，为发展中国家提供了广泛的发展空间。这是顺应历史潮流的客观选择。但是我们也要看到世界上发达国家的野心勃勃，尤其是美国，它到处争夺自然资源，在海洋、太空、南北极等到处插手，妄图控制整个世界。美国奉行的国际准则事实上是强权式军事霸权帝国主义，这是由它的经济实力和军事实力决定的。世界各国只有努力发展自己的经济，增强实力，同时在全球范围内展开经济上的融合和合作，共同促进世界经济的繁荣，才能打破美国在综合国力上“一家独大”的国际单极格局，形成多极化的局面，才能抑制美国不断膨胀的军事霸权欲，为世界和平和经济的永续发展打下坚实的基础。我国作为世界上最大的发展中国家，更应为世界经济的共荣承担起责任。只有坚持以经济建设为中心，继续改革开放，增强国家的综合实力，在发展国有企业的同时发展中小企业、民营企业，才能使经济得到健康稳步的发展。这样经过几十年的努力，我国在政治、经济、军事、文化等领域将会上一个很大的台阶，才不会惧怕美国等少数西方国家的制约。

众所周知，企业税收是国家财政的主要来源，一个国家包括跨国公司在内的企业上缴的利税越多，该国就越富裕。因此，我国近年来，随着企业日益发展，税收增加，社会积累的财富越来越多。我国企业是由奴隶社会末期到封建社会的工场手工业作坊演变过来的，后来受到资本主义国家的移植和传授以及新中国成立后的前苏联模式建立等因素的影响，我国设置了企业组织。现在我国为适应经济全球化的发展和建设中国特色的社会主义，需要逐步建立现代企业制度。因此，改革就是我国现代企业制度的发展方向，具体而言，企业改革发展的内容如下：

（1）产权关系明晰、责权明确。

（2）自主经营、自负盈亏。

（3）有限责任制。

（4）政企分开、转变政府职能，建立企业法人财产制度，理顺政府与市场的关系。

（5）建立科学的组织管理制度，包括企业利润分配、人事、劳动用工、财务会计等制度，以调节所有者、经营者和职工间的相互关系，形成激励和约束相结合的经营机制。

（6）明确国有企业领导的责权利制度，如权力制约制度、选举制度、工资制度及限制灰色收入制度等。

二、人才资源管理是人力资源管理的提升和发展

由人力资源发展到人才资源是一个历史发展的过程。

在当今世界竞争激烈的形势下，人才竞争尤为激烈，因为在世间上人才是最宝贵的。所有的发现、发明、创造，都离不开杰出人才。人才是物质财富和精神财富的创造者，古今中外，概不例外。但人才也有等级之分，这是由历史条件决定的，因为每个人的发展，都要受历史条件的制约。人才的成长主要是靠培养，正如树木、花草靠人工栽培一样，所谓“十年树木，百年树人”，就是这个道理。在古代，人才靠家庭培养，靠个人刻苦努力和发奋图强。而在现代，人才靠国家培养，靠社会培养，尤其靠学校集中培养。学校是培养人才的摇篮，更是培养高级人才的摇篮。人才的培养还要靠管理，如果管理不好，也不能出人才。管理人才是培养人才的一个重要组成部分，所以人才资源靠管理。同时，管理又是艺术、手段和方法，人才资源的有效管理和利用，是促

进社会生产力发展的决定因素。当今社会更是如此，更需要重视培养和开发人才，尤其是人大脑的开发和利用，这在于教育环境以及教育设施和设备能否为受教育者提供一个良好的学习、实习与实训环境。另外，要重视国际文化教育之间的交流与合作，具备国际视野，从更广泛的领域培养人才，因此，人才培养无国界，人才流动符合知识型社会的客观要求。最好的办法是引进人才，尤其是高级人才；要吸引人才，留住人才，就要设置一套培养和引进人才的管理机制。我们要努力使21世纪的中国不仅成为人力资源大国，还要成为人才资源强国，成为世界科技强国。这样才能实现国人的“中国梦”。

第一编　中国企业发展概况

第一章
中国传统企业发展概况

第一节　由传统的手工业作坊发展到清末的资本主义性质的企业

一、传统的手工业作坊

什么叫手工业？顾名思义，手工业就是用手工编制或手工操作的行业与活动，比如用手工纺纱织布、用手工雕刻艺术品等。由于古代生产力水平低下，手工劳动十分普遍。这种手工劳动方式在人类社会已存在千百万年了，这也是人类最起码的、最基本的劳动方式。在原始社会初期，人类还不会制造和使用工具，为了生存，不得不开始使用如木棍、石刀、石斧等最简单的工具来打猎、捕鱼、采摘果子等。自从人类发明工具及使用火以后，人就和动物区别开来了。人类不断进化，其中制造工具和使用火起到了决定性的作用。在原始社会的末期，开始形成以氏族为单位的社会组织，随着社会生产力的发展，氏族组织不断扩大，氏族内部形成部落首领制度。部落首领对内负责氏族组织的内部协调，对外负责武装指挥防止外敌入侵，他们不直接参加生产劳动集团的阶级组织。随后国家及其暴力机构就产生了。恩格斯说："国家就是一个阶级压迫另一个阶级的暴力机器。"因此，手工业是商业产生的先决条件，而商业的发展又是城市建立的物质条件，城市的建立又是国家建立的基本条件。此时，国家不仅有简单的机构，而且有一个掌握政权的统治阶级和政治体制，有以城市为中心的行政区域，如古希腊城堡、古罗马城和古代中国的商丘、长安等。

什么是作坊？所谓作坊，就是用手工编制、加工和操作的场所，如陶瓷厂、砖瓦厂、纺织厂等。中国同世界各国一样，首先是以种植业和养殖业为主的农业大国。从业者不仅要对农民种植的农产品进行加工，以便保管和进行市场交换；同时也要为皇亲国戚和达官贵人生产高级生活用品，包括陶瓷器和纺织品等，供他们过着奢侈的生活。由于个人的生产劳动有限，于是集体的劳动生产组织就产生了，它就是手工业作坊。手工业作坊是以手工劳动为主的集体工作场所，但是也使用简单的机器，如水磨、纺车、风车等。

我国手工业作坊产生于原始社会末期和奴隶社会初期，从陶瓷业、冶金业、制盐业以及织布业开始，这也是我国企业的雏形。哪里有企业，哪里就有管理，故此，我国企业管理是从手工业作坊开始的。我国很早即有官办企业和民办企业。官办企业是大、中型企业，它有官僚集团和军队长官撑腰。而民办企业一般是中、小型企业，因为是老百姓个人投资的，这些民办企业主后来成为商人和民族资本家。

我国传统的手工业作坊主要是陶瓷业、冶金加工业、织布纺纱业、木器加工业、造纸业、制鞋业、竹器加工业和制药业等。正是手工业作坊的发展和进步，反映了社会生产力的发展，也使经济、政治、文化、军事和人们的精神面貌等方面得到了发展。商品市场不断发展，城市的规模也不断扩大，由几万人向几十万人甚至上百万人的大城市过渡，如长安、武汉、北京、上海、苏州、杭州等。

二、从明代工场手工业到清末的资本主义性质的企业

（一）中国四大发明的推动

四大发明即火药、指南针、印刷术和造纸术。尤其是造纸术和印刷术在明朝中期得到大力的发展，南北方的造纸业都有造纸中心，如江西铅山的石塘镇，就有造纸工人五六万人。那时的纸张品种繁多，不仅有供书写用的带色彩纸，供富贵人用的请帖纸，供书本、画册用的印刷纸等，另外还有供包装用的粗糙纸。这说明当时的社会经济有了很大的发展。

活字印刷术在明代也得到了广泛应用。木活字印刷不仅在苏州、杭州、南京、四川、广州、福州等地区广泛流行，而且在边远地区如新疆、云南、广西等地也有使用。除用于印刷书籍以外，浙江地区还印家谱。明朝末年，邸报（即政府公报）也用木活字排印，这在我国新闻史上是一件很有意义的事。明末清初，江南

一带还有不少富商用铜活字印书、商业广告等，其中最有名的是无锡的华家和安家。

明代采矿技术、冶炼技术都有一定的发展，采掘矿石用火药爆破，以开山劈石；冶炼金属用焦炭作燃料，以提高炉温和冶炼质量。冶炼中心有河北遵化、广东佛山等地。当时冶炼的北京大钟寺大号钟可谓世界闻名。永乐年间铸造的北京西郊大钟寺华严钟，距今已有 500 多年历史，其钟身高 6.75 米，重达 46.5 吨。击钟之声可传数十里，钟身内外铸满佛经，有 22 万字之多，它的制造时间之长、影响之久是可想而知的，这在世界造钟史上也是罕见的。

到了明朝中后期，投入市场的农产品和手工业产品高达 2 000 多种，商品经济空前活跃。在当时除北京、武汉、南京、广州、成都、重庆等大城市外，还有 30 多座中小城市也相当繁华，主要集中在江苏、浙江地区，如苏杭二州。就是一些小的市镇发展也比较快，众多的集市庙会成为那时的重要贸易交易场所。当时明朝两都北京、南京极其繁荣，但苏州、杭州的繁华程度又超过两都，社会流传谚语“上有天堂，下有苏杭”，可见当时苏杭二州的繁华程度。另外，当时的运河流域也有不少繁华的城镇，如山东的临清就是交通的要道，四面八方的商人都到那里做生意，市中心布店就有 70 多家，绸缎店 30 多家，肉铺、米店共有数百家。苏州的盛泽镇，明初是一个只有五六十户人家的小村落，但到明朝中后期，已经发展为上万户的大集镇，来自各地的集市贸易已相当发达。山东武城县（今山东临清东北，有运河通过）原来城内逢五、逢十有集市，且限制在四条街上交换贸易，后来到嘉靖年间（1522—1560年），当地的知县下令增加集市地点和开放时间。为了吸引商人多做生意，还让歌舞、戏剧演员到集市上演出。每当集市日，各种货物琳琅满目，人们边看表演边做生意，场面极为热闹。当时的集市主要集中在交通方便的市镇繁华地区。

当时是工场手工业极盛时期，明朝小说《醒世恒言》里写了一个小手工业者发展成为机户（也就是作坊老板）的故事。情节大意是：苏州盛泽镇上来了一户人家——施复夫妇两口子，他们家只有一台织机，养了几筐蚕，缫丝织绸，生活过得还可以。他们织的绸光彩润泽，在市场上人们争相加价购买，只几年时间，施复夫妇就赚了很多银子。几年后，他们添置了三四台织机，不到十年时间，施复夫妇就积累了几千两金银，于是又买了两所大房子和五六十台织机，雇佣了几十人织绸。这样，施复夫妇就由小手工业者发展成为大机户，也就是早期的资本家。这也是马克思所说的早期原始积累。

那时的机工（即雇佣工人），主要是破产的机户和农村失去土地的农民及流浪民工。他们一无所有，靠出卖劳动力为生。苏州城里的机工有几千人，他们没有固定的工作，每天清晨聚集在街头巷尾等待雇佣。这和恩格斯所写《英国工人阶级状况》一书中叙述的当时英国无产者差不多。他们工作条件很差，工作时间很长，直到深夜，若一天没有活干，就得挨饿。他们是“得业则生，失业则死”的早期雇佣工人。

明朝中后期，苏杭、松江等地有许多以纺织业为生的机户。他们拥有大量资金和几台甚至几十台织机，开设机房，雇佣几十乃至几百、成千名机工进行生产。机户们是有规模、有计划、有组织的企业老板，也就是早期的资本家。他们雇佣的劳动者就是机工，机工向机户（老板）领取工资，维持贫困的生活。这种“机户出资，机工出力”的机房，就是手工业作坊。机户与机工之间是雇佣与被雇佣的关系，也就是资本主义性质的生产关系。这是旧中国资本主义生产关系的萌芽，只在商品经济繁华的江南一些地方稀疏地出现，但就全国范围而言，还是自给自足的自然经济占主导地位。我国资本主义生产关系形成的时期同英国相差无几，英国开始圈地运动差不多也是那个时代。由于清王朝统治中国近 300 年时间，中国落后西方发达国家几百年。这都是落后民族统治开化民族所造成的，也是清王朝“闭关自守，夜郎自大”及官僚贪腐的结局。

（二）明代的对外交往及郑和下西洋

明朝前期，我国是世界上的富强国家。为了加强同海外各国的联系和沟通，明成祖曾派遣郑和七次出使西洋（东南亚和东非一带）。郑和本人姓冯，云南昆阳人（今云南昆明晋宁），回族，祖父和父亲都从海路到过伊斯兰教圣地天方。郑和从小受家庭探险精神熏陶，后来入宫做了太监。“靖难之役”后，他随燕王征战，多次立功。明成祖即位后，赐他姓郑，人称“三保太监”。

公元 1405 年，郑和第一次出使西洋。他率领 27 000 多人，乘坐 200 多艘海船浩浩荡荡地从刘家港出发。到公元 1433 年，郑和前后航海七次，经历了亚洲 30 多个国家和地区，最远到过非洲东海岸和红海沿岸。这是世界航海史上的壮举，比麦哲伦航海探险要早 100 多年时间，比探险家哥伦布航行美洲大陆也要早几十年。由此可见我国的四大发明之一的指南针在航海史上的作用有多大。

郑和船队所到之处，大都受到各国人民热烈欢迎。船上满载丝绸纺织品、青瓷碗盘、茶叶等货物，销路很好，又可以换回珠宝、香料和药材等特产。郑和七次下西洋不仅促进了中外贸易发展，也打通了同西洋各国之间的文化交流和经济交流，促进了我国同亚非各国的友好关系。永乐时期，西洋、南洋（指东南亚一带）不少国家的国王、使臣和商队都络绎不绝来到中国访问。那时候，浡泥、满刺加、苏禄等国的国王、王后先后来到中国南京、北京访问，有的随行人员达 500 多人。明成祖设宴盛情款待，还赠予许多礼物，并把他们送来的礼物陈列在文华殿里。郑和第六次航海时，随同回来的有古里等十几个国家的使臣、商人 1 200 多人，其中还有远在波斯湾的国家。明成祖当时正在北方，就令太子好好接待，还关心地说："天气冷了，让礼官宴请他们，并送些礼物，尽快让他们回去。他们带来的土特产，由政府出钱收下好了。"这加强了中国与周边国家乃至西洋、南洋国家和人民的联系。同时也说明了中国在明末清初时期，江南一带资本主义生产关系已经萌芽及商贸关系已经初步形成和发展。

第二节　由资本主义萌芽发展到资本主义性质（国民党统治时期）企业的形成

一、清末资本主义萌芽

在清朝末年存在着资本主义性质的企业主要有三大类：军事工业企业（以生产枪炮为主）、纺织企业和航运企业。

（一）军事工业企业

军事工业企业分为官办和民办两种，无论是谁创办的，主要都是生产枪炮和子弹，原因有三：第一，为了对外抗击洋人入侵；第二，为了对内镇压人民反抗；第三，为了军阀混战，争夺地盘，扩充势力范围。其中主要的因素是军阀为了加强自己的势力和争夺地盘。

军事工业企业在当时最大的特点就是只讲生产数量和质量，不计较生产成本、不追求利润。上面拨多少钱，就用多少，由于官办企业层层盘剥，真正用于生产上的所剩无几。此外，为了减轻军火进口压力，洋务派办起自己的军火企业，如张之洞在武汉开办汉阳兵工厂，李鸿章在上海开办枪炮局等军工企业。

从军工企业管理上来看，绝大多数全盘引进西方先进技术和管理经验进行近代化的机器生产。洋务派企业将资本主义生产方式大规模地移植，展现在闭塞的封建社会和中国人民面前，这为后来中国民族资本主义的产生开创了先河。当然，西方资本主义对中国的入侵只是要把中国变成他们的殖民地，而绝不是要把封建中国变成资本主义的中国，这是毋庸置疑的。

（二）纺织企业

纺织业方面的民族资本企业出现较晚，如果把机器轧花厂算在内，也是到了19世纪80年代后期才出现。1887年，买办商人严信厚在宁波设立通文源机器轧花厂，资本5万两白银，从日本购入蒸汽发动机、锅炉和40台新式轧花机，聘用日本工程师和技师。1891年生产皮棉3万担，后来严信厚又增加设备，到1893年皮棉产量已达6万多担。不过，正式的棉纺厂企业是1894年，由道台衔商人朱鸿度在上海创办的第一家商办纱厂——裕源纱厂。一切机器设备均通过在华洋行购自英国，到1894年有纱锭25 000枚，资本约30万两白银。此外，在上海、福州、重庆、天津、镇江、扬州、广州等地，都有商人在建厂，招收了不少劳工。企业管理都是家长制的管理方式。

（三）航运企业

鸦片战争以后，外国侵略者一再迫使中国增开商埠、码头和港口，从1842年的五口通商到甲午战争前，开放的商埠已增至36个，遍及沿海、沿江、沿边18个省市。由于大量的商埠开放，李鸿章等人办的轮船招商局应运而生。20世纪初，中国关内各个内河的西方国家轮船载重数达15.2万吨，是中国内河航运轮船5.4万吨的2.8倍。长江内河的航行权基本上操纵在西方列强手里。后来由招商局改为轮船公司，以公司的方式来管理企业。

从19世纪中叶到20世纪初，西方资本主义列强通过发动一次又一次的侵华战争，迫使清政府订立了一系列的不平等条约。不平等条约是套在中国人民头上的枷锁，通过它们，列强攫取了大量的在华特权。由于西方列强的侵略改变了中国资本主义发展的进程，迫使中国民族资本主义工商业走上了一条曲折的发展道路。因此，中国清末的企业是典型的土洋结合的企业管理模式。

二、国民党统治时期的企业

1928 年 6—7 月间，国民党南京政府召开了全国经济会议、全国财政会议，决定裁厘、裁兵及统一全国财政。后来又相继制定和实施了一系列经济政策，其主要内容有以下几个方面：

（一）整财改税政策

主要是进行税收体制改革。

一是提高海关税。在修改不平等条约的过程中，先后与美国、德国、挪威、比利时、意大利、英国、法国等国家签订了新的关税条约。新关税条约改变了原来一律值百抽五的均一税制，而实行差别税率。将进口货物分为不同种类，按不同税率征收税率。新关税率最低为 7.5%，最高为 27%。到 1933 年 5 月，最高税率曾提高到 80%。新关税实施后，中国关税明显增加，1927 年为 11 300万元，1928 年为 13 400 万元，1929 年为 24 500 万元，1930 年为 29 200 万元，1931 年为38 800万元。1928—1934 年间，每年关税收入都占财政收入 40% 以上。

二是废除厘金制，改征统税。清政府为镇压太平天国而设立的厘金制度一直延续到南京政府时期，严重地阻碍了民族工商业的发展。在工商业者的强烈反对下，南京政府在1928年讨论了裁厘制问题。由于当时中央财政短缺，直到1931年才实行厘金改制，同时也改革了统税和特种消费税制。由于消除了“厘卡林立，重迭征收”的弊病，有利于商品流通和全国统一市场的形成和发展，但统税的税率仍然很高，这对民族工商业而言仍是沉重的负担。

（二）工业建设方面

1932年11月，南京政府设立国防设计委员会，后来改为资源委员会，掌管全国资源开发和资源调查及国防设计。由于曾有领导人研究和考察德国、苏联等获得成功的经验，发现集中经济可以优先发展重工业和国防工业，于是试图利用内地资源和外国资本到湖北、湖南、四川、贵州、云南等地发展工业。这些都为发展资本主义企业奠定了基础。

（三）交通运输方面

1928年后，政府修公路近10万公里，修铁路近5 000公里，沟通了东西、南北的交通线。但国民党统治时期，修公路、铁路并不是为了发展东西、南北经济，而主要是为了围剿“革命根据地”与共产党领导下的人民武装，镇压人民革命力量。

（四）农村农业方面

国民党统治时期，中国仍然是封建社会延续下来的自给自足的小农经济。且农业十分落后，绝大部分是刀耕火种的生产方式，只有少量农户有手工业加工作坊，而绝大多数农民仍然处于缺衣少食的状态。农村的手工业也仍然为家庭所有，管理方式也自然是家长制管理方式。

总之，在国民党统治时期，中国经济的命脉仍然掌握在蒋、宋、孔、陈四大家族手中。从某种意义来说，企业实行的是英、美管理模式，因此，它不适合中国国情。加之，南京政府为维持反动统治而实行高税制，这就使其不注重扶持民族资本主义企业，从而阻碍了民族资本主义工商业的发展，也阻碍了中国农村手工业的发展。

综上所述，19 世纪 60—70 年代，中国民族资本主义开始产生。近代中国民族资本主义的产生，不是原来中国封建社会内部资本主义萌芽的直接发展，而是外国资本主义入侵这个特殊条件刺激后的产物。中国民族资本主义的产生，在当时的历史条件下，代表着中国社会发展的新方向。它的产生对近代中国社会的变迁产生了巨大而深刻的影响。随着中国民族资本主义的产生，中国出现了民族资产阶级，它主要是由买办、商人、官僚和地主转化而来的。总的来说，民族资产阶级是一个兼具革命性和软弱性的阶级，也是一个爱国的阶级，而且是拥有知识分子和技术人员最多、本身文化水平较高的一个阶级。由此我们可以发现，中国近代公司制度在近代特定的社会政治经济架构下，以其自身的规律运行、发展，在近百年的时间内，艰难地走出了它自身变迁、演进的轨迹。由于我国的近代公司制度是在引进西方技术的同时移植进来的，因此，其变迁过程呈现出先天的不足，存在着很多人为的因素。企业管理制度是由家长制演变过来的，它带有传统的封建制性质的管理特点，其变迁过程很值得我们深思。

第三节 从计划经济时期的企业发展到市场经济时期的企业

一、计划经济是毛泽东时代的产物

毛泽东领导中国共产党和中国人民推翻了帝国主义、封建主义和官僚资本主义三座大山，取得了最后的胜利，同时缔造了中华人民共和国，从此，中国人民站起来了。但由于在建设社会主义方面经验不足，全搬苏联模式（也就是斯大林模式），所以，从1949年中华人民共和国成立后，到1979年长达30年的时间里，一直实行计划经济体制。另外，还有另一种理论，认为计划经济就是社会主义，而市场经济就是资本主义，市场经济与计划经济是对立的，市场经济与社会主义是格格不入的。这种理论在毛泽东时代占统治地位。正因为如此，在毛泽东时代，把“三自一包”、“四大自由”认为是搞资本主义。所以，全国上下一遍呼声，反对资本主义单干、割资本主义“尾巴”、“斗私批修”、反对资本主义复辟，反对“只埋头拉车、不抬头看路”。只要突出无产阶级政治，不抓经济比什么都行。更严重的是党出台的基本路线“219个字”（党在社会主义历史时期的基本路线），直到后来的10年文化大革命。这是党的路线在社会主义历史时期最大的失误，使中国在1956年到1976年的20年间，在经济建设上徘徊不前。1960年日本国民生产总值同中国差不多，可是到1980年，日本国民生产总值翻了几番，而中国经济仍然在低水平上徘徊。其根源在于毛泽东时代仍然坚持“以阶级斗争为纲”的理论。毛泽东把中国革命那套经验从井冈山搬到延安，再从延安搬到北京，再推向全国。所以，计划经济在建国以后一段历史时期，始终是社会主义制度的代名词。统购、统销、全国统一调拨和分配、个人定量是毛泽东时代的产物。

二、苏联模式在中国的确立

毛泽东在1949年第一次访问苏联时就带有三大任务：第一，给斯大林拜寿，那年斯大林正满70周岁；第二，到苏联参观学习，学习苏联的模式和执政经验；第三，同苏联签订《中苏同盟友好条约》。毛泽东回国后就全面学习苏联模式，在我国进行社会主义改造，到1956年取得了一些成功的经验。但从1956年至1976年的20年时间里，全国上下只有两种所有制，即全民所有制和集体所有制，包括农村和城镇居委会的集体经济组织（企业）。举国上下都是一种模式——公有制。

毛泽东时代的两大特色：第一，在政治上“以阶级斗争为纲”；第二，在经济上割资本主义“尾巴”，反对单干，提倡“一大二公”。[①] 这一系列人为的因素，捆住了群众手脚，限制了人民群众积极性的发挥，也限制了社会经济资源的充分发挥，束缚了

---

① 杨继绳．邓小平时代：中国改革开放二十年纪实（上）．北京：中央编译出版社，1998. 28 ~ 36.

生产力的发展。尽管那时人民省吃俭用，积累率很高，可谓“既无内债，又无外债”，但是在种种限制下，有不少人干集体活是“出勤不出工，出工不出力，好歹一个样”，使国家和集体生产处于停产和半停产状态。人民生活水平极低，连温饱问题都解决不了，有的农村村民们常年过着饿肚子的生活。新中国成立 30 年后，人民生活还一直在低水平上徘徊。解决不了温饱问题，哪里谈得上过渡到共产主义社会？这说明是极“左”路线在作怪，是其带来的恶果。这种计划经济体制对一个不发达的国家来说，是很不适宜的。因为，人们还没有那样高度的思想觉悟，在一个温饱还没有解决的国家更是如此。坚持“无产阶级政治挂帅”来发展生产，仅仅是一种口号而已。

三、市场经济体制的确立

党的十一届三中全会的召开，党的工作重点由“以阶级斗争为纲”向“以经济建设为中心”转移，标志着毛泽东时代的结束、邓小平时代的开始。邓小平最大的贡献在于坚持改革开放和突破苏联模式。

当世界上成千上万有智慧的头脑在反思 20 世纪时，谁都会审视一个伟大而深刻的事实：在全世界人口最多的国家，在 20 世纪末期 20 多年里进行了一场发人深省的改革，从计划经济时代过渡到社会主义市场经济时代。

在 20 世纪这短短的 100 年内，人类的经济制度经历了一个螺旋式上升的历史过程。从 19 世纪承袭下来的自由资本主义，以带有激励性的市场机制，空前地调动了人类的创造力，使生产力奇迹般地发展，积累了巨大的财富，刷新了整个社会面貌。但是，这种完全以私人利益为驱动的社会，其弊端也是显而易见的。它曾一次又一次造成了资本主义社会的经济危机。[①] 在21世纪初，人们多方探索摆脱危机的途径。其实，这个历史的难题在19世纪就提出来了，那时就出现了种种解决危机的理论，马克思主义即是其中之一。到20世纪初，正是各种解决危机的理论都寻求付诸实践的时候。当时相当多的人认为产生危机的原因是财产的私人占有和生产的无政府状态。无论是马克思主义的计划经济，还是凯恩斯主义的政府干预和自由市场，都致力于摆脱自由市场的弊端，加强政府的能动作用。马克思是用新的社会制度取代资本主义社会制度，而凯恩斯则是在资本主义内部进行“革命”。这两方面同时进行实践，都取得了一定的成功。凯恩斯从内部挽救了资本主义，马克思从外部“挽救”了资本主义。马克思对资本主义的“疾病”进行了诊断，这一诊断对资本主义的自我完善无疑是有益的。资本主义从社会主义中汲取了不少有益的东西。[②] 与资本主义对立的社会主义制度的存在，使资本主义感到“大敌当前”，从而刺激了它的生命力。除多种社会制度试验外，在20世纪，世界上静悄悄地发生了一系列重大科学技术的进步与革命——这恰恰是热衷于冷战的政治家们所忽视的。科技进步对资

① 杨继绳．邓小平时代：中国改革开放二十年纪实（上）．北京：中央编译出版社，1998. 1 ~ 2.

② 杨继绳．邓小平时代：中国改革开放二十年纪实（上）．北京：中央编译出版社，1998. 1 ~ 2.

本主义的拯救，比任何制度改革的作用更为深远。当然科技进步如此之快，也是资本主义制度下的经济自由竞争的产物。①

然而就在社会主义国家批评市场机制的弊端时，执政者们却完全放弃了市场机制。他们相信经济的计划者和组织者能够及时、正确地认识经济运行规律，并能够根据这种认识有计划地组织生产和进行经济建设。如果要实行全面的计划经济，就必须把社会财富完全掌握在计划者（国家）的手中。因此，消灭私有制是全面实行计划经济的必要条件。这一理想在苏联、东欧各国及中国进行了社会试验，在初期还是有成效的，但是，随着这一试验的深入，遇到了不可克服的困难。于是，在抛弃市场机制几十年以后，只好回过头来再寻找市场机制。当然不是回到社会主义的出发点，而是在克服资本主义弊端的前提下利用市场机制。这是中国 20 世纪最后 20 多年的艰苦探索，而且是全世界都在关注的探索。这种探索也在俄国、东欧同时进行，但从有限的时间来看，中国比其他国家更有成绩和成就，改革开放和建立市场经济体制就是最好的证据。②

虽然，20 世纪的历史不可能是某个主义失败和某个主义胜利的历史。如果这么概括，那就过于肤浅、过于简单了。正如任何事物都有正反两个方面的影响一样，以苏联模式为代表的体制虽然转向市场经济，但这种体制对人类的影响也一样有正反两个方

① 杨继绳．邓小平时代：中国改革开放二十年纪实（上）．北京：中央编译出版社，1998. 2.

② 杨继绳．邓小平时代：中国改革开放二十年纪实（上）．北京：中央编译出版社，1998. 3.

面。历史能走到今天，是各种力量合力推进的结果。以苏联模式为代表的体制，是各种力量合力中的一支重要分力。那种体制虽不复存在，但它曾经在历史上产生过重要的作用，要看到它今后的作用，要汲取对人类有用的、有价值的思想营养。这种思想营养在时间久远后也许更有用。在这一点上，邓小平的认识要比一些西方学者深刻得多，那就是集中国家资源能够办大事。[①]

中国的经济改革是国家起主导作用的自觉的制度创新过程，而改革初期是由邓小平这样有坚定改革意志的政治强人领导的。制度创新不是任意的，任何创新者都要受初始条件的约束。这种初始条件对改革的过程、改革的战略选择、改革的目标模式都产生重要影响。中国改革的初始条件主要是毛泽东的遗产[②]，还有中国社会五千年来的文化沉淀、民族意识以及人口众多、地大物博等物质条件。另外，还有中国农村农民积极性的发挥等因素。所以，中国经济的改革主要是政策性改革。由于政策改革激发了农民的生产积极性，在最短的时间内，农民解决了温饱问题，这也为城市改革奠定了基础。

中国采取了先易后难、先外围后核心的改革策略。这一策略在很多方面出现了诺斯所说的“报酬递增”，从而在很多方面形成了良性循环。改革初期就初步带来了经济繁荣；而初步繁荣就支撑着改革继续深入；深入改革就带来了进一步繁荣；经济繁荣

① 杨继绳．邓小平时代：中国改革开放二十年纪实（上）．北京：中央编译出版社，1998. 4.

② 杨继绳．邓小平时代：中国改革开放二十年纪实（上）．北京：中央编译出版社，1998. 4.

再支持改革。这种一环扣一环的良性循环是中国改革避免出现苏联危机的一个重要原因。然而，也有非良性循环，使某些方面的改革陷入了泥潭。[①] 比如，计划经济体制下的肉类、粮油等单位就是如此。但是中国改革是走一步看一步地进行，用邓小平的话来说，就是“摸着石头过河”，这是一种艰难的探索。

历史赋予邓小平的任务是把中国引出计划经济的“死胡同”，并探索一种能容纳市场机制的新体制。就这一历史的任务而言，他对得起历史。任何一位政治家，都只能在历史所给定的条件下完成有限的任务，邓小平也是如此[②]，况且，改革初期邓小平已快80 岁高龄了。

理论家应当超越历史，不超越历史就没有理论创新；而政治家不可能超越历史，超越历史的政治家就不可能生存。邓小平作为政治家同样会受到历史条件的局限和制约。他掌权时已 75 岁高龄了，历史给予他的时间是如此短暂。他能把中国引出计划经济体制的“死胡同”，开创市场经济体制就算了不起的了。再期望他做得更多，那是不切实际的。[③]

中国没有经过完全的资本主义社会，也就是说中国是由自给自足的自然经济过渡到社会主义计划经济体制的，因此，没有西方发达国家那种市场经济体制，也没有那种企业性质。在邓小平

---

① 杨继绳．邓小平时代：中国改革开放二十年纪实（上）．北京：中央编译出版社，1998. 3 ~4.

② 杨继绳．邓小平时代：中国改革开放二十年纪实（上）．北京：中央编译出版社，1998. 3 ~4.

③ 杨继绳．邓小平时代：中国改革开放二十年纪实（上）．北京：中央编译出版社，1998. 8 ~9.

时代所完成的由计划经济到市场经济的过渡，这是开创了历史先河的。

综上所述，从20世纪50年代后期开始，我国逐渐形成了过分单一的所有制结构和僵化的经济体制。权力过分集中、机构臃肿、政企不分、党政不分，企业在完全的行政权力控制之下没有自主权。因此，这种体制严重阻碍着社会生产力的发展，也束缚了人们的手脚。这样使中国经济一直落后于世界发达国家。当然这里有国际因素，也有国内因素，其主要原因则是人为因素。这给人们留下了对这段历史的深深反思。

1992年邓小平南行以后，党中央在“十四大”确立了经济体制改革的目标和建设有中国特色社会主义理论的指导方针，从而为改革开放和确立市场经济体制提供了理论依据。

第二章
现代企业制度

第一节　现代企业概述

一、企业的概念

企业是社会生产力发展到一定阶段的产物，是适应商品经济发展的需要而产生和发展的经济组织。企业与事业单位比较而言，是从事商品生产、经营或服务活动，经济上实行独立核算、自负盈亏、自主经营、追求利润的单位[①]，这是与事业单位最大的区别。所以，我们认为：企业是在社会化商品经济条件下，以独立占有财产为基础，为了满足社会需要和以盈利为目的，自主经营、自负盈亏，从事生产、流通、运输、服务等经济活动的社会微观经济组织。

① 见 1988 年 4 月制定的《中华人民共和国全民所有制工业企业法》第 2 条。

二、现代企业制度的主要制度

（一）现代法人制度

根据《中华人民共和国民法通则》第36条规定：法人是具有民事权利能力和民事行为能力，依法独立享有民事权利和承担民事义务的组织。

企业法人制是现代企业制度由国家职能部门审核和批准的组织形态，是在对财产所有权确认的基础上，通过现代信用条件，使产权形态发生变化，将产权分解为终极所有权和法人财产权，使企业拥有法人财产，成为一个享有民事权利、承担民事义务、自主经营、自负盈亏的法人实体。

（二）现代企业的组织制度

现代企业的组织结构是以股东会或股东大会、董事会、监事会和经理层为特征的法人治理机构，其中，股东会是公司的最高权力机构。在现代企业中，明确划分股东会、董事会、监事会、经理人员各自的责任、权利、义务和利益，各方面通过公司的权力机构、决策机构、监督机构和管理机构形成相对独立、权责分明的相互制衡关系，并通过公司法和有关法律及公司章程得以确立和实现，以此保证现代企业制度的实施。

（三）现代企业管理制度

现代企业制度的运行必须建立在科学管理的基础上，依靠完善的管理制度来保证效率和效益的最大化。现代企业管理制度是以先进的管理手段、多学科的管理人才和现代管理思想为主要特征的，主要有决策、协调、监督、计划、组织及指挥功能。

（四）现代企业制度的特征

在社会主义市场经济条件下，现代企业制度的特征主要表现在以下五个方面：

1. 产权关系明晰

建立现代企业制度，首先要改革企业产权制度，理顺产权关系，通过制度创新赋予企业以独立的法人财产权，实现出资者的所有权和企业法人财产权分离，从而做到产权清晰、责权明确。企业中的国有资产的所有权属于国家，企业拥有包括国家在内的出资者（股东）投资所形成的全部法人财产权，成为享有民事权利、承担民事义务的法人实体。

2. 自主经营、自负盈亏

自主经营是指在转变政府职能、实行政企职责分开的前提下，企业充分自主地行使法律赋予的经营管理企业的各项权利。对于国家授予企业经营管理的财产，企业可以自主地行使生产经营决策权、投资决策权、产品定价权、劳动用工权、人事管理权、工资奖金分配权、进出口经营权等。企业的经营自主权受法律保护，任何部门、单位和个人都不得干预和侵犯。

自负盈亏是指企业能够对其经营后果独立地享有相应权益和承担相应责任的行为。企业以其全部法人财产依法进行生产经营活动所产生的盈利，由企业依法取得其应得的收益，并对出资者承担资产保值的责任。

3. 有限责任制

主要是指出资者（股东）按投入企业的资本额享有所有权

益，包括资产受益、重大决策和选择管理者等权利。企业破产时，企业以其拥有法人的财产来承担有限责任，出资者以其投入企业的资本额承担有限责任。有限责任公司制是我国企业的发展趋势。

4. 政企分开

企业遵循利润最大优化的原则，以提高经济效益为目标，按照市场需求依法进行生产经营，从而真正摆脱政府机构附属物的地位，通过政府职能的转变，切实建立企业法人财产制度。这也是限制政府官员腐败的一条渠道。

5. 建立科学的组织管理制度

企业必须建立合理、规范的组织管理制度，其包括企业领导、分配、人事、劳动用工、财务会计等制度，调节所有者、经营者和职工间的相互关系，形成激励和约束相结合的经营机制。

现代企业制度是市场经济和社会化大生产发展的产物。我国所要建立的现代企业制度是适应社会主义市场经济要求、遵守公司法规定，以规范和完善的企业法人制度为主体、以有限责任制度为核心的新型企业制度，这就是所谓的现代企业制度。同时，在现代企业制度下，也要关心股份制企业改革，给予员工部分股份，无论是国企、外企还是民企都可以试点进行这种改革。

三、中国现代企业的基本类型

（一）按所有制性质分类

企业以所有制性质为依据可划分为国有企业、集体所有制企业、私营企业、外资企业、个体工商户以及家庭联产承包户。

1. 国有企业

国有企业是由国家作为所有者的一种企业形式，我国在经济体制改革前称之为全民所有制企业。它的基本特点是：国家拥有企业的财产所有权，并主要运用行政手段直接管理企业的生产经营活动。

我国国有企业是建国后通过没收官僚资本、改造民族资本和国家大量投资建立和发展起来的，在我国社会经济的多种所有制企业形式中发挥着主导作用，成为社会主义经济的主导力量。

经济体制改革以来，针对国有企业政企不分、机制不灵、活力不足、效益不高的问题，国家对国有企业实行了扩大企业自主权、利改税、承包经营责任制、转换企业经营机制、建立现代企业制度等一系列改革。根据《中华人民共和国全民所有制工业企业法》规定，国有企业应是依法自主经营、自负盈亏、独立核算的社会主义商品生产和经营单位。企业的财产属于全民所有，国家依照所有权与经营权分离的原则授予企业经营管理。企业对国家授予其经营管理的财产享有占有、使用和依法处置的权利的原则。企业依法取得法人资格，以国家授予其经营管理的财产承担民事责任。企业根据政府主管部门的决定，可以采取国家直接经营、承包经营、租赁经营等多种经营方式。

2. 集体所有制企业

集体所有制企业是生产资料归劳动群众集体所有的一种企业形式。其特点是：生产资料归企业全体成员共同占有、使用和支配；企业的生产经营收入，除上缴给国家一定的税金之外，其余的归集体所有，可以自由支配和使用。

在我国，集体所有制企业是与较低社会生产力水平相适应的公有制企业，它能够促进生产力的发展，因而在我国经济生活中也发挥着重要作用，是社会主义经济中不可缺少的重要组成部分。我国集体所有制企业主要有城镇集体所有制企业和乡村集体所有制企业。

城镇集体所有制企业是由城镇居民自筹资金、自愿组合兴办的企业。它实行自主经营、独立核算、自负盈亏。企业依法取得法人资格，以其全部财产独立承担民事责任。

乡村集体所有制企业是由乡村农民集体兴办的企业。企业财产属于兴办该企业的乡镇或者村范围内全部农民集体所有。在不改变集体所有制性质的前提下，企业可以吸收投资入股。企业的税后利润要在企业所有者和经营者之间进行合理的分配。另外，党的十八届三中全会后，会对农村集体所有制经济的分配制度有重大改革，将更符合农民的收益分配。

3. 私营企业

私营企业是指法律规定的投资人员在符合法定人数的情况下投资经营的、企业资产属于私人所有的盈利性经济组织。私营企业投资者主要是指自然人，也可以是法人（包括外国投资者私营企业法人）；其投资者对企业财产权依法享有所有权，其财产可以依法继承和转让。

我国现阶段的私营企业是在经济体制改革以后出现的。它一般有三种形式：独资企业、合伙企业和合作企业。

在我国社会主义社会的初级阶段，私营企业适合我国多层次的生产力状况，它的存在和发展有利于社会生产力和人民生活水平的提高，因此，它也是社会主义经济的重要组成部分。

4. 外资企业

外资企业是指外国投资者、企业或其他经济组织，根据我国涉外经济的法律法规，以合资、合作或独资的形式在中国境内开办的企业。外资企业的大量出现，是改革开放以后出现的现象，其对于中国吸收外资，引进先进的技术设备和管理经验，增加社会就业和国家税收，加快我国的现代化建设有着重要作用。外资企业包括中外合资经营企业、中外合作经营企业和外商独资经营企业三种形式。同时，也包括港、澳、台企业来内地投资企业。党的十八届三中全会后，将长期坚持改革开放的政策，吸引外商投资。

5. 个体工商户与家庭联产承包户

前者如小型超市、商店、理发店、服装店、餐饮店、维修店等。后者如种植业、养殖业、荒山林地承包户，还有加工业、农家乐旅游业、餐饮业、运输业的承包户等。这些是市场经济发展不可缺少的力量。

此外，随着我国经济体制改革的不断深入，近年来，我国还出现了一批多种经济成分混合所有制企业，如股份制企业、合作制企业、股份合作制企业、联营企业等。

（二）按财产组织形式和所承担的法律责任分类

企业按财产组织形式和所承担的法律责任划分，通常分为独资企业、合伙企业和公司企业。

1. 独资企业

所谓独资企业是指由一人出资兴办，财产完全归个人所有，由个人经营和控制的企业。这种企业不具有法人资格，在法律上为自然人企业。但也有法人财产型企业。

独资企业的特点是：自然人因素对企业影响大，资本少，企业规模小，决策简便，经营灵活，业主承担无限责任。

独资企业的优点是：企业组织简单，创立、变更、关闭能随机应变；所有权与经营权归为一体，决策迅速，经营上制约因素较少，弹性较大；易于保密；在市场经济的激烈竞争中占有独特的优势。

独资企业的缺点是：自然人因素对企业影响大；资本少；企业规模小；业主承担无限责任；企业没有独立的生命力，如果业主死亡或在未转让的情况下放弃经营，企业就随之消失；由于个人资本与经营管理有限，企业很难有较大的发展；受偿还能力的限制，企业取得贷款的能力不强，难以从事投资规模较大的产业等。

独资企业诞生于中国市场经济早期，延续至今仍普遍存在，而且在数量上占大多数，是社会化大生产的必要补充。但是，独资企业一般只适合于零售商业、服务业、家庭农场、个人承包户、开业律师、个人诊所等，营业额小，相比公司企业微不足道。不过，随着经济的发展，独资企业的财产权也会扩大。

2. 合伙企业

合伙企业是由两个以上的出资者共同出资兴办、联合经营和控制的企业。合伙企业也不具有法人资格，与独资企业一样，在法律上为自然人企业。

合伙企业的特点是：投资者要两个或两个以上，资本额突破了单人资本的限制，经营规模较独资企业稍大；企业的经营决策有一定的制约；合伙人有一人退出或加入都可能引起企业的解散和重组；合伙人对企业的债务承担无限连带责任。

合伙企业的优点是：企业由多人共同出资，筹集的资金量可以大为增加，能够从事一些资产规模需求较大的生产和经营活动；由于合伙人对企业债务负有无限连带责任，因此，对企业的盈亏都十分关心，要求经营者必须有很强的责任心，由此可以提高企业的经营管理水平，提高企业的信誉。

合伙企业的缺点是：尽管有多个合伙人共同出资，但每个合伙人的资产毕竟有限，合伙人也不能无限增加，因此，企业的资产规模一般能达到社会化大生产的要求，但依然局限在规模较小的生产和经营领域内；出资者与经营者没有分离，没有建立起财产委托关系，几乎所有的决策都要经全体合伙人一致同意，意见不一致时，难以果断决策，使得决策时效延误，协调起来也比较困难；由于只要有合伙人退出和加入就要修改合伙协议，致使企业的稳定程度有限，甚至会影响到企业能否继续存在；合伙企业实行无限连带责任，增大了投资的风险，使企业受到限制。

合伙企业也是早期的企业形式。尽管它相对于独资企业在某些方面有一些优点，但同时也存在许多与独资企业相同的甚至不及独资企业的缺点。因此，在现代经济生活中，合伙企业所占比重很小，不如独资企业那样流行。合伙企业一般适合于资产规模较小、管理部门不复杂、不需设专门管理机构的生产和经营行业。对于一些营业资金需要量较小而其工作业务涉及资金量较大、个人信誉非常重要的企业，如会计师事务所、律师事务所、医疗诊所、广告业事务所、评估事务所等，往往采取合伙形式。

3. 公司企业

公司是两个以上股东出资，能够独立对自已经营的财产享有民事权利、承担民事义务的经济组织。公司是法人，具有独立的法人资格，这是公司企业与独资企业、合伙企业的重要区别。如果说独资企业、合伙企业的经营活动是建立在自然人的信誉上，公司则是建立在法人组织的信誉上。

公司企业包含无限公司、有限公司和两合公司三种形式。

（1）无限公司。

无限公司也称无限责任公司，是公司的一种法律形式，是指由两人以上的股东组成，股东对公司债务负连带无限清偿责任的公司。无限公司的股东必须是自然人，公司不能做股东；公司的信誉主要建立在股东个人身上，而不在公司资本上，以“人合”为特征，因此也称“人合公司”。所以，在外债上，无限公司具有法人资格，是法人企业，这是与合伙企业作为自然人企业完全不同的。

无限公司在有限公司诞生以前大量存在，后来越来越少。在现代社会中，只有极少数信誉性公司采取无限公司这种形式。因此，在现代社会经济活动中，无限公司并不占重要地位。后依据我国《中华人民共和国公司法》（以下简称《公司法》）第 2 条和第 3 条规定：只设立有限责任公司和股份有限公司两种。

（2）有限公司。

有限公司是公司中最具代表性的企业形式，它采取两种组织形式：一种是有限责任公司，一种是股份有限公司。我们所讲的现代公司主要是指这两种公司形式。

有限责任公司是指由法律规定的一定人数所组成（50 位股东以下），股东以其出资额为限对公司承担责任，公司以其全部资产对公司债务承担责任的公司。

股份有限公司是指全部资本分为等额股份，股东以其所持股份为限对公司承担责任，公司以其全部资产对公司债务承担责任的公司（公司的设立应有 2 人以上、200 人以下的发起人）。

在现实经济生活中，有限责任公司适合于资产规模较小的企业，在有限公司中占绝大多数；股份有限公司适合于资产规模较大的企业，在有限公司中数量相对较少。

在认识有限公司的时候，要特别注意两种具体的公司形式：一是国有独资公司；二是上市公司。

国有独资公司是指国家授权投资的机构或者国家授权的部门单独投资设立的有限责任公司。国有独资公司具有独资企业的特点，即它只有一个投资主体，但它又与其他独资企业有着本质的区别，即它的投资主体是国家，且它是法人的独资企业，而不是自然人的独资企业。国有独资公司属国家所有，但它将所有者财产与企业法人财产相分离，它是所有者委托专门人员经营企业资产的“法人”企业，而不是出资者所有权与企业法人财产权不分，所有者直接经营企业财产的类似“自然人”企业的国有企业。这在我国是一种特例，不过，近年来国有独资公司在西方一些国家也是被法律认可的，是一种效果不错的公司形式。国有独资公司的优点是使投资者能真正代表国家利益，有利于控制国民经济的关键领域和重要行业，在经济发展中起骨干作用。国有独资公司简称为国企，实行所有权与经营权分离。

上市公司又称公众公司，是指其发行的股票得到有关部门批准，可以在证券所交易的股份有限公司。上市公司除了要依照法律规定，经国家有关部门批准，同时还必须具备某些特定条件。如我国《公司法》对拟上市公司的股本总额、盈利情况、公开发行股份占总股份的比例、公司有无违法行为等，都有明确规定。美国等一些西方国家的证券交易所对上市公司的条件规定得更为严格。所以，上市公司尽管可以更大地扩张公司规模，但是，在股份有限公司中只占一小部分。近年来上市公司规模不断扩大，相关规范也在日益完善。

有限公司与无限公司相比，具有明显的特点。公司实现了股东所有权与企业法人财产权的分离，公司法人财产具有整体性、稳定性和连续性，只要公司存在，公司法人就不会丧失财产权。公司实行有限责任制度，这种有限责任，一是对股东而言，他们以其出资额为限对公司的债务承担有限责任；二是对公司而言，公司以其全部自有财产为限对公司的债务承担责任。有限责任一般只是到了公司破产时才体现出来。

有限公司的优点主要是：公司的有限责任制减少了投资风险，投资者可以比较放心地把资本投给公司，有利于吸引更多人投资，增加了企业发展的可能性；由于股东不再直接管理企业，公司的经营管理职能由各方面的专门人才来承担，可以更有效地管理企业，这就有利于推动企业的快速发展；有限责任制下，两权分离及所有权的可转移是公司的寿命可以不受公司所有者变更的影响而延续的原因，公司寿命的延长显然有利于企业不断地发展和壮大。

有限公司也存在一些缺点，比如：公司组建较困难，组建费用较高；政府对公司的组建、变更和日常活动有若干法律制度的限制；保密性差，税负较重；等等。不过近年来国家逐步对中小企业实行减税。另外，在我国近年才发展起来的一人独资公司，它是有限公司的一种特例。

（3）两合公司。

两合公司是有一个以上的无限责任股东和一个以上的有限责任股东所组成的公司企业。其中无限责任股东对公司承担债务负无限责任，有限责任股东以出资额为限对公司债务负有限责任。

两合公司集无限公司与有限公司的特点之大成，具有“人合”与“资合”两方面的特征，但两种公司的优缺点也都有所反映。一般说来，两合公司以无限公司特征为主，其法律地位与无限公司类似。比较起来，两合公司筹措资金比无限公司容易，但基础不如无限公司那样稳固；其信誉程度比有限公司高，经营积极性和责任感高于有限公司，但吸纳资金和发展能力远不如有限公司。两合公司在公司制企业中数量很少，与无限公司一样，多是小企业所采用的形式，在现代企业形式中不具重要性。

总的来说，独资企业、合伙企业、公司企业这三种企业形式，从企业发展的历史看，三者是渐次产生、逐步发展的，但在现实经济生活中，它们又同时存在。各种不同类型的企业，包括不同类型的公司，各有优缺点，分别适应不同的生产力水平和经营领域。在我国社会主义市场经济中，多种企业形式亦都有其存在的必要性和合理性。但是，最能体现现代企业特征的是负有限责任的公司企业。我国《公司法》称公司就是专指有限责任公司和股份有限公司，对于国有企业来说，建立现代企业制度主要是进行公司化改造，实行现代公司制。

（三）按企业生产要素所占比重分类

企业以生产要素所占的比重划分，可分为劳动密集型企业、资金密集型企业和知识密集型企业三类。

1. 劳动密集型企业

所谓劳动密集型企业是指技术装备较低、用人较多、产品成本中活劳动消耗所占比重较大的企业。在这种企业中，单位劳动力占用的固定资产少，活劳动占产品成本的比重大，资本有机构成较低，如服装、饮食、皮革和制鞋等行业多为这类企业。

2. 资金密集型企业

资金密集型企业是指所需投资较多、技术装备程度较高、用人较少的企业。这种企业也称为技术密集型企业，它同劳动密集型企业相比，具有劳动生产率较高、单位产品成本较低、竞争力较强的特征。但它需要大量的资金、先进的技术装备、大量的技术人才以及相应的配套服务设施才能发挥优势，如钢铁工业、重型机器制造业、汽车制造业、石油化工业等多为这类企业。

3. 知识密集型企业

所谓知识密集型企业是指综合运用先进科学技术成就的企业。这类企业拥有大量的专业技术人才，需要花费较多的科研时间和产品开发费用，能生产高、精、尖类产品，如飞机、坦克、雷达和宇航工业，电子计算机工业，大型集成电路工业和海洋探测以及管理策划设计咨询服务等，多为这类企业。

此外，企业还可以按其他不同标准划分若干类型，比如，按所属经济部门或按生产经营业务划分，可分为工业企业、交通运输企业、建筑安装企业、商贸企业、旅游企业、金融企业、仓储企业、电信邮政企业、农业企业等；按规模大小划分，可以分为大型企业、中型企业、小型企业和微型企业等。

第二节 现代企业目标和社会责任

一、现代企业目标

（一）企业目标的含义和作用

企业作为经济组织，其生产经营活动的根本目的是向社会提供产品和服务，满足人们日益增长的物质文化生活、医疗卫生条件的需要，并取得相应的经济利益，概括地说就是“服务社会，发展自己，追求利润”。为了使企业的这一根本目的得到落实，就要通过建立企业目标来加以明确。这里所说的企业目标是企业在一定时期内，对主要的目的预期所要达到的成果。它是就企业的宗旨和使命而言的，不是指企业具体的计划指标。它规定企业的任务，体现员工的共同方向，形成员工共同的行动纲领，反映企业存在的价值。具体来讲，企业目标的重要作用有以下几点：

1. 目标可以指导企业资源的合理分配和使用

企业资源包括物资、资金、厂房、机器、设备、信息、人力如管理干部和技术专业人员等。有了明确的目标，就能合理分配，充分利用资源，从而降低消耗，提高经济效益。

2. 目标是激励员工工作积极性的重要手段

科学合理的企业目标，能够为员工指明努力的方向，激发员工的积极性和潜在力量，号召全体员工为完成共同目标而努力奋斗。

3. 目标是衡量企业生产经营成果和员工工作成绩的依据

在一定的时期内，企业目标实现情况如何，体现着企业生产经营活动进展的顺畅与否、经济效益的高低和各项工作成果的大小。这就便于企业不断总结经验教训，改进工作。同时，企业目标也有利于检查并考核企业各部门、各岗位和员工个人工作的努力程度与贡献大小。

4. 目标可以创造企业良好的声誉和形象

企业良好声誉的取得，除了通过向社会提供优质商品和服务外，还要靠认真履行社会责任，得到社会的信任和支持。而这些则是科学合理的企业目标的应有之义。有了企业目标并为其实现而努力，良好的企业声誉和形象就能创造出来。这是现代企业制胜的一大法宝。

（二）现代企业目标的基本内容

企业目标是多元化的，其内容的确定，要考虑企业自身的状况和社会的各个方面，处理好各种利益关系。一般说来，现代企业目标的基本内容有：

1. 对社会的贡献目标

对社会的贡献目标应是现代企业的首要目标。因为企业能够存在和发展，就在于它能为社会作出某种贡献，否则，它就失去了存在的价值。所以，每个企业在制定目标时，必须根据自身在国民经济中的地位，确定对社会的贡献目标。企业对社会的贡献，主要是通过为社会创造使用价值和价值来表现的，因此，贡献目标可表现为产品品种、质量、产量和上缴税金等。此外，若从企业可持续发展的角度看，企业对社会的贡献目标还包括保护生态环境、节约能源、承担社会责任等方面。

2. 市场目标

市场的发展是企业生存的空间。企业活力大小要看它占有市场的广度和深度及社会的欢迎程度，即市场范围和市场占有率的大小。市场目标既包括新市场的开发和传统市场的纵向渗透，也包括市场占有份额的增加。有条件的企业应走向国际市场，将提高产品在国外市场的竞争能力列为一项重要的目标。

3. 发展目标

企业发展目标标志着企业经营的良性循环得到了社会的广泛承认，使它有更多的资金去从事技术开发、产品开发、人才开发和市场开发。企业的发展表现为通过纵向联合，扩大规模；增加固定资产、流动资产、提高生产能力；增加产品品种、产量和销售额；提高机械化、自动化水平及新能源开发和利用等方面。

4. 利益目标

利益目标是企业生产经营活动的内在动力。利益目标直接表现为利润总额、利润率和由此所决定的利润留成、奖励与福利基金等。利润目标不仅关系到员工的切身利益，也决定着企业的发展。但是，追求最大利润将同消费者的利益发生冲突。因此，企业应把在同行业中高于平均盈利水平的利润度作为自身追求的目标。

二、企业社会责任

企业的社会责任是指企业在争取自身生存与发展的过程中，面对社会需要和各种社会问题，为维护国家、社会和人类的根本利益以及广大人民群众生命和财产安全，所应该履行的义务。这里所说的“责任”，属于广义的社会学范畴，而不是法律或法学意义上对违法行为所追究的行为人的法律责任。它是同国家、社会和人民的生命、财产联系在一起的。

在现实生活中，随着科技进步、经济发展，企业在不断向社会提供产品和服务，不断满足人们日益增长的物质文化生活需要的同时，其生产经营活动也不知不觉地给社会带来某种危害，如工厂爆炸、厂房倒塌、油汽管爆裂造成的员工伤亡及财产损失举不胜举；偷税漏税造成国家财政收入的大量流失……所有这些，把人们的关注点引向企业，人们日益期望企业对社会承担起应有的社会责任，要求企业预见应承担的社会责任并付诸有效的行动。就是说，企业在实现自己目标的过程中，同时要履行自己的社会责任，既要向社会提供一定数量的产品，也要对产品的质量提供保证以及人身和财产安全。大量的事实证明，有些企业只顾追求高额利润，而远远未尽到社会责任。

明确企业社会责任，不但是企业自身生存和发展的需要，而且是社会化大生产的客观要求，也是现代化社会的客观要求。在我国强调企业必须履行其社会责任，更是社会主义制度和社会主义生产目的的必然要求。如近年来先后曝光的“毒奶粉”事件、“毒生姜”事件和“假羊肉”事件等，影响极坏。可见，明确规定履行企业社会责任，具有现实而深远的历史意义。

企业的社会责任涉及范围广、内容具体而复杂。下面仅就四个主要方面加以说明：

1. 企业对员工的社会责任

企业与员工的关系不仅表现在员工为企业工作、企业给员工工资这一点上，在现实社会生活中，企业与员工的关系比这复杂得多。首先，企业聘用员工的原则乃至程序就反映着企业的社会责任观念。例如对员工性别、民族、肤色、年龄等的考虑，就涉及男女平等、同工同酬、民族平等、未成年人保护等一系列社会和政治的问题。其次，在企业内部是否为员工提供安全的环境和健康保障，是否创造条件使员工有机会参加企业管理，有无一套规章制度保障员工得到文化与技术培训等，都涉及劳动者法定权益是否受到企业的尊重与切实保证，在这方面，企业的责任十分明确。再次，企业与员工间劳动关系的解除，无论是企业因各种原因辞退员工，还是员工自己辞职，都有明文规定企业对员工应承担的责任。再就是企业是否与员工签订劳动合同，有否保障员工享受社会保险等待遇。总之，企业不能只关心员工在生产经营中的作用，还必须重视员工政治、文化、技术等多方面素质的培养和提高，尽到保证劳动者合法权益的责任，必须同劳动者签订劳动合同，维护劳动者的合法权益。

2. 企业对经济可持续发展的社会责任

20 世纪以来，特别是 20 世纪 40 年代开始，随着人类社会工业化进程的快速推进，生态环境的恶化和能源紧缺的危机逐渐成为人们普遍忧心的严重问题。土地资源锐减、森林覆盖率迅速降低、水资源危机、矿产资源枯竭、物种灭绝、河流湖泊和海洋污染、空气污染、臭氧层被破坏、环境恶化……人类赖以生存和发展的生态环境面临严重的破坏甚至毁灭的危险，能源日趋枯竭已不是什么危言耸听、杞人忧天的事了。作为一个重大的战略问题，人类社会和国民经济的可持续发展被摆到了各国政府的议事日程。然而，企业要生存、要发展，对能量和物质的渴求却有增无减，需要土地扩建厂房，需要原料和能源供给生产，也需要排放废气、废水、废渣……一方面是广泛的资源耗用，另一方面是工业垃圾的大量产出。企业在生产经营中充满着人类对大自然的征服与损害的尖锐矛盾。在此问题上，企业作为自然资源的主要消费者，应该承担起节约资源、保护资源的社会责任。企业不仅要在生产经营中重视提高资源的使用效率，而且要努力开发新的清洁、高效能源与绿色产品。企业在讲求经济效益的同时，要把对生态环境的保护和能源的节约列为自己义不容辞的社会责任，为国家、为人类未来的可持续发展尽职尽责、义无反顾。

3. 企业对消费者的社会责任

企业的根本任务是通过生产经营活动，为社会提供商品和服务，以满足人们日益增长的物质文化生活的需要。在生产经营过程中，企业与广大消费者发生、发展着联系，又通过对消费者提供商品和服务的数量和质量，对社会产生诸多方面的影响。在企业商品和服务的价值实现上，既存在着经济效益和社会效益统一的问题，又存在着国家、社会、企业、消费者等各方面利益统一的问题，这便是企业对消费者应承担的社会责任。企业向消费者提供的商品和服务，应能使消费者满意，并重视消费者及社会的长期福利，致力于社会效益的提高，如向消费者提供信息、保障商品安全、强调广告宣传责任、维护社会公德等，从而维护企业形象。

4. 企业对国家和人民的社会责任

企业经营目标的确定及生产经营活动的开展不仅有着经济上微观与宏观发展的协调统一，而且在政治、法律、文化等方面的建设与发展中，有着与国家、与社会整体利益的内在联系。例如，企业活动能否遵守国家法律政策，便直接涉及一个国家经济发展秩序和社会秩序的安定；企业能否依法纳税，表现着企业对社会产品分配关系的认识与实践，反映着企业的整体观念和国家观念的强弱。可见，企业对国家的社会责任涉及社会生活中政治、法律、经济、文化、宗教等各个领域，具体反映在企业与国家管理的各个方面，包括企业对国家大政方针、法律政策的遵守，缴纳税金等社会义务的承担，企业经营与宏观经济调控的关系等。企业不仅仅是为了追求利润，更要为国家和社会承担起巨大的社会责任，把人民的生命和财产安全放到首要位置。这是关系到整个国家和民族安危的重大原则。

概括起来说，所谓企业经营，就是做生意。做生意就是要处理好人际关系，处理好人际关系就是要学会怎样做人，而做人的基本原则，就是“真诚、信用、大度、宽恕”八个大字。如果这八个字认真做到了，那么做人做事的本领也就学到了，生意自然就会做得好。如此，推敲一个企业、一个社会、一个民族，乃至一个国家、一个世界，何尝不是要遵循这八个字呢？但是很遗憾，现在社会上有些人只看到眼前的利益，而不顾国人的生命健康，如近年来为媒体所披露的南京某餐馆的“毒罂粟”火锅案等。这些企业生意人不仅法律意识淡薄，而且缺乏社会责任感和道德情感，他们一心一意只想发财，只要能赚钱，什么手段都使得出来。因此，他们的行为不仅道德败坏，而且也构成了故意杀人。有些企业主一不缺钱、二不缺房、三不缺车，甚至有些人还有小型飞机。但是他们只缺一样，也是世界上最宝贵的一样，那就是“良心”。而“良心”的缺失正是所有经营者都应该深思的。

早在20世纪80年代初，改革开放的设计师邓小平就明确指出：一要靠诚实劳动；二是靠合法经营。这也是中国改革开放走向成功的必经之路。如今，人们都过上了小康生活，为什么还有人只顾自己私利，而不管国人安康呢？这是向社会提出的一个问题。对这种现象，光靠宣传和教育是不够的，还要加大惩罚力度，严厉打击食品制假、销售作假等犯罪活动以及涉毒案件。再就是监管部门对于制假、售假案以及涉毒案件，要从源头抓起，实行惩罚和教育相结合的制度。这是一项长期的战略方针，是各级领导和广大人民群众都必须认真实施的。否则，不仅实现“中国梦”是一句空话，而且也关系到一个国家和民族的安危……这就是企业社会责任的主要内容。

第三节　现代企业经营机制和行为

一、现代企业经营机制

（一）企业经营机制的概念

“机制”一词原本指机器的构造、功能及其相互作用的过程和方式。企业经营机制是一种能规范和推动企业行为，使其达到企业目标的内在机理，是企业能够实现自身发展的先决条件。

（二）企业经营机制的构成

企业经营机制大体可分为以下两个方面：

1. 动力机制

动力机制对企业行为的发生和企业活动的增强起着“兴奋剂”的作用，它包括对企业和对员工两个方面。首先，企业必须具有内在强大的经济动因，才能具有活力，从而生机勃勃、不断发展。这种动因来自它对目标的追求，即有一种不断追求更高目标的动力。一般来说，企业的动因是对利润的追求，因为利润集中体现了企业的经营成果和经营活动能量。在正常情况下，企业的经济动因越大，利润也越大，表明它们的经济效益越高，提供的产品和劳务越符合市场的需要，对社会的贡献也越大。其次，企业经营管理者和广大员工的工作潜能的充分发挥，是搞好企业各项工作、取得理想经济效益的根本保证，健全的动力机制能激发他们的积极性和创造性，从而推动企业不断发展和壮大。

2. 调节机制

强大的动力机制固然重要，但要达成企业目标，还必须不断调节经营行为，处理好各方面的关系。这就需要有自我调节机制，主动地理顺企业内、外各种关系，以健全自身的整体机能。这些关系的调节包括：

（1）企业内部组织结构的调节。

企业根据生产经营和管理的需要，合理设立各类部门和配备适当人员，明确各自责权以及相互关系，使其协调一致，处于最佳的配置状态，发挥组织的良好功能。

（2）经济利益关系的调节。

企业所要调节的利益关系包括投资者、经营者和员工三个方面，只有不断调整企业与他们之间的关系以及他们三者之间的经济利益，使他们的利益与企业利益紧密联系起来，才能使他们从各自的切身利益出发关心企业的发展，从而充分发挥他们的投资热情、经营管理热情、工作积极性和创造性。

二、现代企业行为

（一）企业行为的概念及特征

所谓企业行为，是指企业在市场经济条件下所从事的生产经营活动，是达成企业目标的实践过程。企业经营机制和企业行为紧密相连，是一个问题的两个方面。企业经营机制决定和支配企业行为；反过来，企业行为也表现为或反映企业经营机制。因此，企业经营机制是否合理，也要通过企业行为是否合理、是否规范以及所取得的绩效来加以判断。作为市场经济体制下的现代企业，其企业行为至少应具有以下几个特征：

1. 主动应变性

现代社会经济环境复杂，市场瞬息万变，企业必须及时准确地捕捉各种信息并迅速作出决策，主动根据市场需求的变化，及时调整经营政策，安排投入产出，有效利用企业资源更好地满足市场需要。

2. 合理合法性

市场经济要求企业主动地适应行业固有的规则和秩序，同时国家出于宏观调控的需要，也会颁布一些法律和法规，制定各种政策以引导和规范企业的生产经营活动，使其健康发展。这就要求企业能够自觉地接受国家的宏观调控与监督，依法经营、公平竞争、诚实守信，树立起良好的企业形象，为企业未来发展创造有利的条件。

3. 开拓进取性

商品经济越发展，市场竞争就越激烈。企业不仅要敢于竞争，而且要善于竞争，不断地提高自身的竞争力，制定有效的竞争策略，开展全方位的竞争，在竞争中取得比较优势，领先对手，发展自己。同时不断地提高自己产品的质量，做到物美价廉、货真价实，以吸引和留住消费者。

4. 开放发展性

“发展才是硬道理”，这是邓小平的名言。要发展，企业必须开放。企业要能够按照市场经济发展的要求，寻找发展的机遇，创造发展的条件，扩大经营范围和经营领域，把商品经济和资本经营结合起来，善于利用市场，优化资源配置，实行企业并购和重组，合理地进行扩展。这样不但能打破国内区域市场的界限，还能面向国际市场，利用国际资源，与国际惯例接轨，在国际化趋势中赢得发展的机会。同时不断实施跨国战略，从全球经济发展的眼光来看待跨国公司的发展战略。

（二）现代企业行为合理化的标志

在市场经济体制下，特别在我国现阶段市场经济体系和体制还不是很健全的情况下，为了保证国民经济进一步持续稳定地发展，必须严格规范企业行为，使其合理化。衡量与判断企业行为是否合理的标志如下：

1. 从企业的投资方向和规范来看

就是看企业的投资方向和规模是否同国家的经济与社会发展的总体规划及产业政策相适应，是否存在盲目投资、重复引进、重复建设的现象，是否造成严重损失和浪费。

2. 从企业的生产经营活动来看

就是看企业的生产经营活动是否以市场需求为导向，以充分利用资源为条件，以追求良好的经济效益和社会效益为目标；企业是否进入良性循环的发展轨道。

3. 从企业的市场交易行为来看

就是看企业是否注重长远发展战略，是否在留利分配时保持积累比例稳步提高；是否遵守法律和职业道德规范，有没有违法经营、违背职业道德和危害债权人及消费者权益的行为发生；是否有良好的信誉；是否以消费者利益为重，以正当的手段参与竞争。

4. 从企业长远发展战略来看

就是看企业发展是否有中期、长期的发展规划，在人力、财力、物力上是否能协调发展，在市场规模上是否能占一定的比例，并能稳定协调地发展，在国内、国际竞争中站稳脚跟，有较强的国际竞争力。并确保企业资产不断增值，为企业的可持续发展创造良好的条件。

第三章

现代企业管理的基本要求

第一节　管理概述

一、管理的概念

所谓管理，就是通过协调、指挥、沟通、领导和监督他人的活动，有效率、有效果和有目的地完成特定的任务。所以，管理是一门科学、一门艺术，也是一种过程，是人们为实现一定目标而进行的管理活动。

管理活动自古就有，凡是有人群的地方就存在管理活动，只不过这种管理方式不是企业管理而已。当管理作为一种科学概念被提出，那是人类进入 19 世纪的事了。自从帝王将相管理国家、治理社会以来，管理活动就以政治形式出现，以“治国”平天下的历史长达数千年。自从自然经济向商品经济过渡，形成资本主义市场，在这种生产社会化的时代，企业管理由手工业作坊向大工业社会过渡，企业管理就成了资本主义时代的象征。随着资本主义生产社会化，企业管理就成为有计划、有组织、有指挥和有目标的管理活动，因此，有人说管理就是对人的管理活动，所以强调管理中人的因素。到现代管理理论的发展阶段，由于管理的研究范围在不断扩大，特别是由于专家学者运用各种现代科学知识来研究管理理论，使管理的内涵和外延更加丰富，人们对管理概念的认识也就更加多种多样。例如，有人从系统论的角度出发认为：管理是对整个系统运动、发展和变化的有目的、有意义的控制行为；有人从信息角度出发认为：管理是信息不断输入、输出和反馈的过程；有人从数学角度出发认为：管理是制定和运用数学模型和程序的系统，是用数学符号和公式来表示计划、组织、控制和决策等合乎逻辑的程序，求出最优解答，以达到企业的目标。19 世纪末到 20 世纪初，出现了泰罗的科学管理理论、法约尔的组织管理理论和韦伯的理想行政组织理论等管理理论。20 世纪 80 年代以后，由于人们认识到文化在管理中的重要地位，有人还提出了“管理是一种追求”的观点。虽然上述观点各说不一，但都从不同侧面揭示了管理的基本含义。

综上所述，可以看出，管理是管理者为达到一定的目标，行使计划、组织、领导、控制等职能，以协调和利用组织内各项事务和资源合理配置的一种活动。可见，一切管理都是由三个基本要素组成，一是管理主体，包括管理者和管理机构，在管理系统中起主导作用；二是管理客体，指管理对象，包括组织内的各项事物和资源，是由人、财、物三个要素组成的一个系统；三是管理目标，即管理体现作用于管理对象而产生的预期结果。这就是对管理综合概括的基本定义。

二、管理的性质

（一）管理的科学性

管理是由一系列概念、原理、原则和方法构成的科学体系，有其内在的规律性，如公司治理结构问题就是一门科学，所以管理理论对管理实践有着很大的指导作用。它从社会实践中总结提炼而来，又反过来指导实践活动，帮助管理人员运用管理知识去解决问题。所以管理理论是有规律可循的，管理知识是可以通过学习和传授得到的。要想成为一名优秀的管理者，必须通过系统的管理学学习和训练以及实践锻炼，否则，仅凭管理者自己的经验来管理企业的生产经营和服务活动，就会给企业管理带来很大的盲目性。曾有人作过统计，我国 10 多年前的 20 多位优秀企业家，现在还能继续在企业中发挥作用的只有几位了，这就说明每个人都要与时俱进，适应时代的发展，不断学习和提高，否则，就可能被社会发展所淘汰。

（二）管理的艺术性

管理不仅是一门科学，更是一门艺术，即使掌握了管理的原理、规则、方法，它也只能支持管理者的决策，为管理者的决策提供各种参考意见，并不能代替管理者的决策，真正的决策还要靠管理者随机应变的能力和灵活指挥的艺术才能。这是因为：一方面，管理工作的对象是在各种复杂环境中的人和事，复杂多变；另一方面，无论是环境也好，人和事也好，都处在运动变化的过程中，特别是有着思维活动的人，更不同于自然物。如何处理人际关系，调动各方面的积极性，既要有学问，更要有艺术。只有这样管理工作才能做得更好。

实际上，管理是科学性和艺术性的高度统一。许多管理专家认为：管理者的能力 = 科学知识 + 管理艺术 + 经验积累。管理的科学性反映了纷繁复杂现象中的规律，认识它、掌握它，就能实现理论的指导作用。而管理的艺术性反映的是千变万化的管理现象，管理者只有充分运用自己积累的经验和管理艺术，使它成为一种智慧，才可能获得成功。所以说，管理是一门高超的艺术。

（三）管理的实践性

从管理的科学性可知，管理是一门实践性很强的科学，所以研究管理不能脱离实践，如绩效评价中的平衡记分法、业务流程再造、核心竞争力等理论，都是管理学家深入企业实际工作总结出的理论。从管理的艺术性可知，管理者面对复杂多变的环境，要提高决策判断能力，必须将管理知识灵活运用于实践、学习，在实践中探索和提高。

事实上，由于各个国家的国情与文化背景不同，管理理论的适用性与其产生和应用的环境有很大的关系。即使在同一国家，处于同一行业，不同企业的管理也不一样。如美国的汽车工业就出现了福特汽车公司、通用汽车公司、克莱斯特汽车公司等成功企业，它们的管理模式也各不相同，但都被企业界誉为楷模。

可见，我们在学习西方发达国家的成功管理经验时，不能全盘吸收、全盘西化，而要根据中国国情，研究出适合我们自己的管理理论，当然也要借鉴和吸收当代国际管理的先进经验和优秀成果，这样才能提高我国企业的管理水平和竞争力。

三、现代企业的管理职能

企业管理职能是指企业管理的职责、功能。它是管理主体对管理客体施加影响的方式和具体表现，是实现管理目标的手段，是设计管理者职务和管理机构功能的依据。管理职能产生于管理活动，但是管理职能作为管理活动的一种分工，则是随着管理活动的不断专业化和细密化，随着管理规模的不断扩大和复杂化而逐步发展和形成的。20 世纪初，法国工业家亨利·法约尔率先提出了企业管理的各种职能。他认为，管理就是实行计划、组织、指挥、协调和控制，后人称之为“管理职能学派”。其后，许多西方管理学者对此进行了探索，从不同的角度提出了各种观点。从企业管理职能划分的演变过程来看，企业管理的职能是多方面的，具体的划分方法也不尽相同。人们通常认为计划、组织、领导、控制和协调是企业管理的五个基本职能，同时这也涵盖了现代企业管理人员所应承担的主要工作。

（一）计划职能

计划职能就是根据社会的需要以及组织的自身能力，确定整个企业及企业各个部门的目标，并为实现这些目标拟定所需的策略、政策、规划和程序。可见，计划工作包括确定目标和制订计划两个方面。目标描述的是企业未来的预期结果，而计划则是手段，是企业如何达到目标的手段。由于即使是同一个目标也可以用不同的计划实现，因此，可以说计划工作是确定企业目标和选择实现目标最佳计划的决策过程。计划与决策相关，在没有作出决策之前，不会有真正的计划。

对于现代企业，计划职能是企业管理的首要职能，是实现组织、领导、控制职能的前提。它能为企业经营管理活动指明方向，减少未来变化对企业的冲击，使浪费和亏损降至最低，通过设立目标和标准使企业便于控制。企业的经营规模越大，生产经营越复杂，计划职能作用也就越重要。

（二）组织职能

组织职能是指在确定企业目标后，将实现企业目标的诸要素和人们在经济活动中的相互关系进行组合、配置，使企业各环节、诸要素形成一个有机联系的整体。这包括决定企业要完成的目标和任务是什么，由谁去完成这些任务，这些任务如何分类组合，对谁报告，以及各种决策在哪一层次上制定等。

组织职能属于执行性职能，它是实现企业计划目标的手段，是实现计划目标的组织保证，并为指挥、控制职能的实施创造条件。

（三）领导职能

领导职能包括领导、指挥、管理、组织、协调、决策和激励。领导职能是指为实现企业的管理目标而指挥和协调下属的活动，选择最有效的沟通方式，解决企业员工之间的冲突，这就是在进行领导。可见，领导职能与人际关系密切相关，是一项涉及管理者与被管理者之间的人际关系的职能。人际交往是领导职能的一个特点，其他四项管理职能——计划、组织、控制和协调——都没有这个特点。领导职能属于执行职能，它是实现企业目标和计划的必要条件。计划职能为企业活动确定了目标和实现目标的途径；组织职能为实现计划建立了有机联系的整体结构，虽然这些都是企业生产经营的必要前提，但是如果组织没有人指挥，就像群龙无首，员工没有人激励、协调，只是漫无目的地工作，即使有周密的计划、完善的组织，企业目标也无法实现。

（四）控制职能

控制职能指监督、比较、纠正的管理活动。当设定了目标之后，就开始制订计划，向各部门分派任务，雇佣员工，对他们进行培训、管理和激励。尽管如此，有些工作还可能出岔子。为保证工作按照既定的计划进行，管理须监控组织的绩效，必须将实际的表现与预先设定的计划进行比较，发现偏差，就找出原因，采取措施，使工作能按原计划进行，或适当地调整计划，以达到预期目的。

具体来说，有效的控制工作包括两个部分：一是对业务工作的控制，即通过不断检查和纠正工作中的偏差，使工作按照原定计划进行，使任务能够完成；二是对下属人员的控制，即通过对下属人员工作表现的考核和评估，希望他们尽职尽责、执行任务。管理人员可通过信息系统来协助控制机构的运作成效。例如在生产成本的控制方面，管理人员可以利用各种会计报表来了解情况，从而拟定有效的对策并及时纠正偏差。

控制属于保障性职能，它是管理过程的一个重要职能，并与其他四项管理职能密切相关，尤其是与计划和组织两项职能，因为计划和组织被视为控制的两个基本前提。这表现在以下两方面：一是控制之前必须有计划，因为控制是以计划为根据的，计划越明确、全面和完整，控制的效果就越好。如果管理者事先不知道所期望的是什么，就无法判断其部门是否正在实现所期望的目标。二是控制作用于组织机构，组织机构越明确、全面和完整，控制工作的效果就越好。因为控制工作是由人来进行的，如果不明确规定各级组织机构的职责，就无法判断由哪个部门来承担产生偏差的责任，更无法判断由谁来采取纠正措施。因此，控制如果与计划、组织职能相脱节，它一定是无效的。

（五）协调职能

所谓协调，就是从横向、纵向两个方面沟通和联系，减少矛盾，加强团结，以利于企业组织的管理。

企业管理过程以对未来的计划为起点，经过对各种经营要素的组织和对人们经营活动的领导和控制，使整个企业的活动协调发展，以达到计划目标而告一段落，构成一次循环，然后再提出新的目标，开始新的循环。现代企业的管理过程就是计划、组织、领导、控制和协调，在时间上连续以及在空间上并存的过程。总之，要实现现代企业的管理职能，就必须要实现现代企业的整个管理过程。

第二节 现代企业的管理客体

一、现代企业管理客体的四大特征

从管理的角度来说，所谓管理客体也可称为被管理对象，是指进入了管理主体活动领域，并能够被管理主体影响和控制的客观事物系统。这一规定，概括地表明了管理客体的四个特征，即客观性、系统性、可控性和规律性。

（一）客观性

管理客体是管理活动所指向的对象。对于管理主体来说，这种对象是外在的，它不依赖于主体的意志而存在，有着自己固有的规律性，这就是管理客体的客观性。

管理客体之所以具有客观性，是因为管理活动本身是一种对象性活动。作为管理主体进行管理活动的对象，首先就必须是客观存在的管理活动，如经济管理、政治管理、工商管理、企业管理、文化管理等，或是客观物质的不同形态，或是由物质所派生。管理对象中的财和物，是管理客体中的物质因素，它的客观性是不言而喻的，无论是技术设备，还是劳动资料、生产条件、资金状况等，对于管理主体来说都是一种客观存在，都有着自己存在的方式和运动规律。即使是最主要的管理对象——人，对于管理主体来说，也同样是一种客观存在，不仅作为管理客体的自然存在——它的肉体是客观的，而且它的社会存在——社会关系、思想动态——也是客观的，是不以主体的意志为转移的。所以，在管理活动中，无论是对人还是对物，都要从管理客体的存在出发，依据对象本身的固有规律来办事，管理工作才能取得成功。

（二）系统性

在实际中，管理客体表现为存在的形式和运动状态。但它们的存在和运动都不是孤立的，而是相互联系构成有机统一体。这就是管理客体的系统性，它是管理客体存在形态上的属性。

管理客体的系统性表明，管理客体总是以多种要素相互联结的有机整体形式出现的，管理客体的性质就是这个系统整体的性质，管理客体的规律就是这个系统整体的规律。因此，管理就是对客体系统整体上的管理。早在20世纪初，西方古典管理论的代表人物亨利·法约尔就提出管理活动的对象就是社会有机体，它是同物的组织相区别的人的组织，是由许多细胞（社会成员）所组成的。没有社会有机体，管理活动就不可能存在；而如果没有管理活动，社会有机体就不能有效地形成和维持。当代各种管理学派都把管理对象看成是一个由多种要素组成的复杂系统，认为必须把管理客体作为一个整体来看待，因为其中的每一个组成部分都以一定方式同其他各部分相关联。而客体系统有各种级别，一个企业内部的各个部门或子系统是较低级的系统。这些观点都说明，任何管理客体都是作为系统而存在和运动的。

管理客体的客观性特征，要求企业在任何管理中都要树立系统观念，运用系统方法进行系统管理。

（三）可控性

管理客体的可控性，也叫作管理性，指的是客观对象能够接受管理主体的组织和协调，具有被控制的可能性。可控性是管理客体的本质属性，是客观事物之所以能够成为管理客体的重要标志，不具有可控性的事物是不可能成为管理客体的。管理客体的可控性，首先在于它本身具有可控性机制和一定的发展变化规律，这样管理主体才有可能运用一定手段，遵循其发展变化规律进行有效控制。其次，管理客体的可控性与管理主体对管理客体的认识过程有关。只有当主体正确认识客观事物的本质和规律，才可能采用一定的手段和方法把它们组织起来，并对它们进行控制和协调，管理客体才会表现出一定的可控性。再次，现实中客观存在的事物是很多的，但究竟哪些是现实的管理对象，一定要管理主体将它纳入到自己的管理现实的管理客体活动之中。只有在管理活动中建立了对象性的关系，客观事物才能成为现实的管理客体。

另外，相对管理主体的控制和管理能力来说，管理客体的可控性是不断发展变化的。随着时代的前进、社会的进步和科学技术的不断发展，人类认识事物的能力不断提高，管理的范围不断扩大，使许多过去只能凭直觉或感性经验自发管理的客体变成科学管理对象，使原来不被认识、力所不及的客体变成可以认识、可以被管理的对象。可见，管理客体本身不是一成不变的，管理客体的可控性也不是一成不变的。从一定意义上说，随着管理主体控制和管理能力的增强，以及由此引起的管理客体范围的扩大与可控性的增加，使得管理客体本身也在变化，这也是人类历史不断前进的重要标志。

（四）规律性

作为管理客体，不管它表现为何种存在方式和运动状态，都有自身一定的发展变化规律。这既是管理客体的特征，也是一切管理活动的基本依据。如果客观事物杂乱无章，无任何规律可循，那么管理主体就不可能对它进行有效控制，也就谈不上管理。认识管理客体都具有自身发展变化规律的这一特征，对于提高实际管理水平和搞好管理科学的研究都具有重大意义。

二、现代企业管理客体的三要素

人、财、物是现代企业管理客体系统中的三大要素。

（一）人

人是管理客体系统中的基本要素。人是社会的细胞，是社会的基本单位，如果没有人，也就没有家庭，没有国家，没有人类社会，那么一切社会组织也就无从谈起。所以说，一切社会活动都要通过人去进行，去实践。反过来，一切社会活动也是为了人的生存和发展。人活在世间，必须以衣、食、住、行为依托，所以就必须从事物质生产劳动，这种劳动必须有组织、有计划、有目的地进行，要进行社会生产劳动就要进行管理。对人的管理就是要调动人的积极性去做事，同时也要发挥人的主动性和创造性，协调人们之间的各种关系，做到人尽其才、物尽其用，从而保证人们各种社会活动的顺利进行。只有通过人对人的管理才能实现对物和财的管理。所以，人是管理客体系统最重要的决定因素，管理活动的中心任务就是人才资源管理和整个人才资源的开发和利用。美国著名管理学家德鲁克说："所谓企业管理，最终就是人事管理。人事管理，就是管理的代名词。"尤其在21世纪，人才是最宝贵的资源。在20世纪末期，一个劳动力的贡献量比以前增长了50倍，以此推算，21世纪一个劳动力对社会生产力的贡献会比以前增长100倍以上。

（二）物

物是管理客体系统中的另一个基本要素。管理对象中的物是指进入了管理活动范围，能被人们所利用、操作、改造的物质实体，如设备、工具、材料、仪器、能源和各种自然资源等。在企业生产管理中，它主要是指各种劳动资料和劳动对象，即生产力中的物的因素。

物是管理活动的客观物质基础，如果缺乏物质资源，一切管理活动就无法进行，各种管理因素也将无从发挥作用。同时，人对物的管理必须依据自身的性质和运动规律来进行，才能取得良好的管理效果。管理的一个重要功能就是使管理客体系统中的人与物合理、协调地结合起来，建立一个优化的结构，从而有效、合理地利用物资管理、质量管理、设备管理、运输管理、库存管理等，以实现物质资料的生产、分配、流通、保管、消费活动，其核心意义在于开源节流、物尽其用。

（三）财

财也是管理客体系统的一个基本要素。财，即资金、现金、本金等，是指投入管理活动，被管理者在一定时期内所实际掌握和支配的物质资料的价值表现，一般以货币的形式而存在。财是管理活动正常运行的润滑剂，在商品经济条件下，任何管理组织如果缺乏财力，其管理机器就难以运转。财本身有其生财、聚财、用财的客观运动过程，对于财务来说包含了预算控制、成本分析、财务管理等，这些都是企业管理活动的重要内容。财是企业经营的武器，是进行企业管理的重要手段，也是企业效益增值的重要措施。

总之，在管理客体系统中，人、财、物三大要素中的人是起主要决定性作用的要素，是一切管理要素中的基础作用，一切离开人的因素都无法进行。因此，在管理活动中如何发挥人的积极作用，如何发挥人的主观能动性，如何发挥人的聪明才智，是管理成败的关键所在。当然，财和物也不可缺少，不能变成无米之炊，在管理客体系统中，人、财、物三者是既独立又统一的联系整体，缺一不可。

第二编 人才资源的管理和作用研究

第四章 人才资源的管理与现代企业发展的关系

自从人类社会诞生以来，人类就逐步迈向对自然界生物的控制。而人在自然界诸多生物中是最宝贵的，为了战胜自然界和适应自然环境的生存和发展，就得有一种能力，而这种掌握物质资料的生产能力，就是生产力。

人才是生产力诸要素中的决定因素。科学技术是生产力，人才资源是生产力发展中的主要因素。在传统农业生产中，主要是靠农业劳动力进行简单的生产活动。农业经济是以一般人力资源与自然资源特别是土地资源相结合的经济形式，即所谓农耕社会。工业经济即工业社会，是以一般人力资源、能源和机器投入为主的经济形式，所以论者把这两种经济形式所形成的经济时代称为“物质经济时代”，又称为“体力与机器动力相结合的时代”。而知识经济作为现代社会的经济形态，以人的知识资源特别是智能资源投入为主，因此当前所处的时代可称为“知识经济时代”。这是由物质经济与知识经济的本质特点所决定的，人们的思维能力和思维方式也具有不同的时代特点和要求。

概括起来说，知识经济是以知识为基础，以科学技术特别是高新技术为经济增长的主导性因素和决定性因素的现代经济。放眼世界，在欧洲国家的经济增长中，科技贡献率已高达 50% ~ 70%，美国已达到 80% 左右。这些国家已开始步入知识经济时代。中国科学技术对经济增长的贡献率只有 40% 左右，尚不到 50%，只能说知识经济已初露头角。由此可见，随着知识经济的到来和挑战，世界各国的经济竞争，进一步说是经济增长的竞争，正在由物质资源投入的竞争逐步转变为技术资源投入的竞争，也就是科学技术作为生产力的竞争。在当今世界上，人才大都是从学校培养出来的，尤其是高级人才更是如此，所以高校要有创新思维和方法培养大批有高科技才能的新型人才，人才资源的管理应靠高校和人才市场两个方面来进行。这两个方面的分工是高校培养人才，人才市场输送人才到社会。两者应结合起来，形成培养、输送、就业、使用一条线，此外还要加上一条，就是企业也是培养人才、使用人才的摇篮，而且是更重要、更现实的摇篮。人才资源在企业发展中的作用研究将放在下一章专门论述。

第一节　人才发展战略

目前，党和国家已作出“十二五”培养和造就人才的发展战略。人才发展战略是关系到国家经济发展命脉的大战略，必须予以高度重视。

一、人才资源和人力资源是两个不同的概念

“人才”借指树木成材之意，指既取得成就又发挥作用、对社会作出重大贡献的人。而人力资源则不一样，人力资源主要指人的劳动力资源，主要是体力劳动和脑力劳动相结合的基本资源，它是人活动的基本要素，无论脑力还是体力都对人才成长关系极大。但是人力资源又是人才资源的基础和铺垫及主要来源。两者之间关系密切，人才资源是人力资源的提升和发展，而人力资源是人才资源的基础和来源。

中国社会素来很重视人才，无论是对人才的培养还是选拔都十分重视。无论是隋唐时期的科举制，还是当代的公务员考试制都是公开选拔人才，但对人才下什么样的定义，则是从其对人类社会发展作出什么贡献而言的。无论是春秋战国时期的孔子、庄子、老子和孟子及苏秦、张仪，还是秦王朝的李斯、韩非等人，他们无不被人们称为历史上的杰出人才，这也是历史人物在历史的发展进程中所扮演的角色。所谓“时势造英雄”，历史发展为这些人提供了一个平台，能使这些人在为社会作出重大贡献的同时，也万古传名、流芳百世。

二、人和事相联系

自古以来，人和事相联系。孙中山先生有一句名言：“要做大事，不要当大官。”凡成就大事业的人，都是有才能的人。历史上

曾有“三皇五帝”，也有才子佳人及盖世英雄人物之说，有从奴隶到将军、从平民到皇帝、从普通人到科学家的人，或说“茅屋出公卿”也大有人在。从古到今的能工巧匠和杰出人才都证实了“人和事相联系”这一点。在我国，无论是都江堰、赵州桥、万里长城的建设者和设计者，还是“四大发明”的发明者以及中国近代史上的政治人物如孙中山、毛泽东、邓小平等人，无不是同他们的辉煌事业相联系。孙中山说过，不是人的伟大，而是事业的伟大。这说明人才是以事业为依托的，两者是相联系的。

有人说，以事业成败论英雄，事业失败了，就无“人才”可言。这也未必，历史上曾有过项羽、李自成、洪秀全等人，他们尽管尚未完成他们的事业，但是他们都对人类历史的发展作出过贡献，在某种程度上来说是作出了巨大的贡献，所以仍不愧为杰出的人才。但他们其人也仍然同成就事业相伴随，仍然没有跳出人和事相联系的圈子。

杰出人才同普通人才及人力资源的关系，就如任何事物都包含着对立的两极，这种关系也不例外。杰出人才是建立在普通人才尤其是人力资源的基础上的。俗话所说“千军易得，一将难求”，也有“物以稀为贵”的说法，没有普通人才和人力资源的支持和帮助，甚至作出牺牲、铺垫，杰出人才也难以成长和发展起来。正如牛顿所说，他之所以取得巨大成就正因为是站在巨人的肩膀之上。所以，杰出人才在普通人才之中脱颖而出，是以普通人才为依托、为跳板。没有比较，也就没有鉴别，所以，平凡与伟大也是相辅相成的。

三、杰出人才对人类事业发展的伟大作用

（一）对历史人物的认识

我们不可否认马克思主义的唯物主义历史观——“历史是人民群众创造的”，但是我们要把英雄人物放在历史的特定条件下来考察。如秦始皇统一中国，孙中山推翻清王朝、实行资产阶级民主革命，毛泽东创立中华人民共和国，邓小平实行改革开放和建设中国特色社会主义社会等，都向世人展现历史杰出人物对创造历史所起的划时代作用。但是历史并非是少数几个人创造的，而是广大劳动人民创造的，因为广大人民群众是社会财富的创造者和供应者，人民创造历史，而杰出人物则起了组织、领导、指挥的代表作用和决策作用。所以一个政党、一个国家、一个社会总是需要有某些代表人物来带领广大人民群众去参加历史的活动，按照历史的客观规律来对社会这个大舞台进行改造。所以，伟大的杰出人物也是生活在普通人之中的，他们是普通人的代表，是历史发展的领导者和“火车头”。

（二）对历史人物创造事业的认识

事业是人能成名的里程碑，是人能取得成就的舞台。一个人的伟大与否按照其在历史舞台上所扮演的角色来定论，所以我们把秦始皇统一中国并修建万里长城、李冰修建都江堰、李春修建赵州桥、孙中山推翻清王朝、毛泽东创建中华人民共和国、邓小平实行改革开放并建设中国特色的社会主义社会，统统都称为创造历史的伟大事业。可以说事业的成就比历史人物更重要。所以，

我们以历史上杰出人物所作出的贡献和他所取得的事实成就考察得出，人和事业是分不开的。总之，事业是决定人才成就的决定因素，古往今来绝无例外。

第二节　论人才

一、什么是人才

（一）人才的概念

所谓人才是指对社会能作出实际贡献、能成就伟大事业的人。根据这个观点，有人说，硕士、博士算不算人才？如果从人和事业的成就来说，硕士和博士还不能称为完全意义上的人才或现实意义上的人才，只是潜在的人才。只有硕士、博士在从事的研究领域取得一定的成效或者作出突出贡献的时候，才算得上是真正的“高级人才”。一个人仅在学业上拥有高学历和高学位，仅有书本理论知识还是不够格的，只有把书本知识应用到实践中去，同实践相结合做出成果了，或者在科研上取得成就，才算真正的人才。如茅以升、袁隆平、钱学森、钱三强、李四光、邓稼先等人，被世人称为高级人才，这和他们为社会作出的巨大贡献及其伟大成就是分不开的。

（二）人才的特征

人才应具备以下几个特征：

1. 独创性

凡能成才的人都有独立的创造性，且多有他独特的风格和个性，而且有较高的素质和非凡的胆略。如秦始皇、孙中山、毛泽东、邓小平等。

2. 坚韧性

人才的成长不是一朝一夕的事，而是通过长期的艰苦努力成长起来的，有些人甚至花去一生的精力，到晚年才获得成功，也被世人叫作“大器晚成”。如司马迁、哥白尼、李时珍、吴承恩、曹雪芹、马克思和恩格斯等人，都属此类。

3. 顽强的拼搏精神

凡能成才的人都敢于拼搏，不怕失败，不怕打击，不怕牺牲。如伽利略、布鲁诺、诺贝尔、爱迪生、居里夫人等。

4. 坚定的献身精神

凡成就大事之人做事均风雨无阻，雷打不动，不贪图个人得失，且能坚持事业至上的原则。如阿基米德、徐霞客、马克思、恩格斯、列宁、孙中山、居里夫人等。

总之，伟大杰出的人物都有突出的个人魅力和一般人所没有具备的特征。如以上列举的那些伟人，莫不如此。

二、人才的种类

关于人才的种类，有多种划分的方法，既可以按照专业来分，也可以按照层次来分。按专业方向来分，在《国家中长期人才发展规划纲要（2010—2020 年）》中，人才被划分为六大类：党政人才、企业经营管理人才、专业技术人才、高技能人才、农村实用人才以及社会工作人才。按层次来分，一般把人才分为上、中、下三等。根据各方界定和理解，本书把人才分为三个种类：

一是高素质的劳动者，即具有一定的知识或技能，能够进行创造性劳动，为社会作出积极贡献的人。这个层次的人才，是人才队伍的主力军，大部分人才属于这一层次，比如生产实践一线上的劳动骨干和技术能手、职业教育毕业生、大学本科和专科毕业生，大都属于高素质劳动者。他们属于人才队伍金字塔最基础的部分。

二是专门人才。这一层次人才的突出特点是具有专门的知识或技能，在信息和科技时代条件下，他们进行的创造性劳动比一般高素质劳动者质量要高一些，对社会的贡献要大一些，而且这种创造性劳动和贡献更多是体现在质上。比如 IT 公司管理者、技术研发人员、软件工程师等。他们是金字塔的中坚力量。

三是高技能人才，或者说是高层次人才。他们是在专门人才之上的拔尖人才，是各类人才中知识、技能、贡献都出类拔萃的人物，处于人才队伍金字塔的最顶端。比如科学家、院士、教授、高级工程师等，皆可归于此类。

第三节　人才资源开发与管理的研究

一、再谈管理和人事管理

什么是管理？管理是一种活动，是一种手段或方法，是一个过程。管理活动是人类社会独有的活动，随着人类社会的诞生，最初的管理活动开始形成管理。我们知道，人类是社会性的群体动物，在这一群体中，无论自觉或不自觉的活动，每个人都以社会一员的资格同其他社会成员形成一定的关系或联系，进行物质生活资料生产和保卫自身安全，或从事其他的社会活动。因此人类从一开始，人与人之间、人与事之间就会发生关系或联系，以及产生处理人与事之间的方式和方法。在社会生活中，人和人、人和事之间的关系是多种多样的，人事管理的关系在生活中、在生产劳动中、在物质生活资料分配中不断发生和处理。这种就人和人、人和事之间关系进行协调、沟通、合作的活动就是管理。随着生产力的发展，物质财富的积累增多，部落组织的形成，社会成员分工越来越明确和越来越细致，于是管理者与被管理者出现了，有酋长、军事长官、政府首脑等管理者的组织。后来，又进一步出现奴隶主、土地所有者、资本家、业主、主管、工头和经理等大小社会头目。既然有组织机构，就有管组织的人。这样就出现了管理者与被管理者，随着社会的变迁，管理活动在不断扩大，就出现了各种各样的管理组织，如政府管理、军队管理、教育管理、文化管理等组织形式，发展到今天的行政管理、工商管理、企业管理、教育文化管理、司法管理、市场管理、军事管理和社会管理等组织形式。作为人事管理的管理体制出现于第二次世界大战之后，并在20世纪五六十年代逐步推广和完善，而在七八十年代之后，随着现代科技高度发展起来，尤其是知识经济时代的来临，人事管理进入快速发展阶段。劳动力管理、人事管理、人才资源开发与管理，都是同一历史过程的不同阶段。

二、人事管理演进过程的几次转变

劳动力管理、人事管理、人才资源开发与管理经历了从古代到现代的历史演进过程。在历史演变过程中大致发生了如下几次重要转变：

（一）"绝对服从"的管理体制到雇佣管理体制的转变

所谓"绝对服从"的管理体制是从奴隶社会开始的，管理者对被管理者有绝对的支配控制权，不仅支配被管理者的劳动力而且支配其人身，而被管理者对于管理者不仅有劳役关系而且有人身依附关系。因此，劳动者不仅没有自身劳动力的支配权，而且没有独立的人格和身份。如奴隶主对奴隶的野蛮占有和役使，封建帝王的金口玉言"君要臣死，臣不得不死"，解放前的西藏农奴制等，都属于这种管理方式。

18世纪法国资产阶级在"天赋人权"的旗帜下，把自由平等的思想写进了宪法，也将其带进了管理领域，违反人伦关系的“绝对服从”法则遭到了谴责。于是在雇主和劳动者之间，逐步形成了双方均以平等的人格身份，缔结以劳务与报酬为交换内容的契约关系。依据这种契约精神，劳动者出卖的是劳动力而不是劳动者本身，雇主给报酬占用的是劳动力而不是劳动者本身，雇主只能按契约支配劳动者的劳动力而不能无条件地、全面地支配劳动者人身，雇主对于劳动者只有劳务关系而没有人身依附关系。这种劳动力和劳动者的分离，以及由此引起的雇佣关系管理，既是社会的进步，又是管理领域的一场深刻的革命……从而使得资本家与雇佣工人的关系是劳务关系而不是人身依附关系。

（二）从经验主义管理到科学管理的转变

资本主义早期的生产规模一般比较小，在作坊或工厂里进行操作。业主，即管理者，凭自身的经验和传统的习惯来进行管理，对于工人的操作很少给予指导和协助。而且因雇佣的是有手艺的技术工人，他们是有操作经验的工匠，每个人都按照经验采用自认为是最佳的方法去生产，这就是经验主义的管理方法。随着生产规模的不断扩大，生产力水平的提高和市场竞争的加剧，这种管理方法变得与发展越来越不相适应。

工业革命以后，西方各国的生产规模扩大了，工人增加，机器生产代替了手工操作，大批非熟练工人代替了有经验的工匠，标准件代替了特制件，工厂代替了家庭式的小作坊。进入 19 世纪以后，资本主义国家的经济有了长足的发展，特别是美国经济发展更为迅速。美国钢铁公司、美孚石油公司，通用、福特和克莱斯勒三大汽车公司等巨型企业也就是在 19 世纪末 20 世纪初出现的。但另一方面，劳资矛盾却随着资本主义经济的发展而日趋尖锐。工人的“磨洋工”和低效能现象相当普遍，资本家因此遭受巨大损失。这些情况的存在和发展迫切地呼唤着科学管理。所以，20 世纪初，以泰罗为代表的科学管理理论在美国应运而生了。

泰罗被称为“科学管理之父”。泰罗从 18 岁进工厂，从勤杂工、技师一直做到总工程师。他经过长期的实践和研究，意识到一个道理：不懂得用科学方法来进行管理大大影响了生产效率的提高，而补救低效能的办法在于科学的管理而不在于收罗某些非凡的人。因此他提出：

（1）雇主同雇员的富裕是科学管理上的两个牵头的目的，不仅意味着公司或老板得到巨额红利，也意味着工人得到高工资。给工人以高工资而又使雇主的劳工费用降低，这是完全有可能的，办法就是以最快的速度达到最高的效率，而在当时，整个工业界都不相信劳资双方关系有可能协调到各自都能获益的地步。

（2）在技术方面，只有通过应用各种办法和工具进行科学研究和分析，结合进行准确、精密的动作研究和工时研究，才能逐步以科学代替单凭经验的办法。经过长期研究，泰罗提出了工作定额原理、标准化原理、计件工资制度、组织机构上的管理控制原理等。这些原理和制度的提出奠定了科学管理的基础，并且成为管理领域里的一次影响深远的“精神革命”。

（三）从以物为中心到以人为中心的转变

科学管理所倡导和制定的工作量定额制、标准化和差别性及计件工资制等提高了劳动生产率，也在某种程度上改善了劳动者的物质待遇。但是，它解决不了“经济人”的本质属性。

在科学管理看来，人是“经济人”，不是活生生的、有丰富内涵和多种要求的人。既然劳动者劳动的根本动力是高工资，计件工资也就满足了工人的要求，而给工人以计件工资就像给机器加油一样简单、方便。

科学管理所关心的是科学地使用物力和人力资源形成高效率的生产。为了提高劳动生产率，机器必须连续地快速运转，人的动作也必须随同机器一起快速运转。人的动作服从机器的运转，劳动者实际上成为机器的零部件。因此，科学管理虽然较以前的管理行为重视了人的因素，但实际上仍是以物为中心而不是以人为中心的管理方式，仍然把人的因素从属于物的因素。科学管理虽然把管理推进到新阶段，但它把人改造得适合工作和机器，而不是把工作和机器设计得适合人，因此抑制了人的积极性和创造性。而有差别的工资制度又演变为克扣工资、超额剥削工人剩余劳动的方法。到第一次世界大战前后，科学管理的缺陷已日益暴露出来了。

梅奥是早期行为主义学派的奠基人，于1927—1936年参加了霍桑实验。在霍桑实验的基础上，他提出了如下观点：

（1）工人是“社会人”，是复杂的社会系统的成员；

（2）在企业中既存在正式组织，也存在非正式组织；

（3）新型的领导能力表现在通过提高职工的满意度，激励职工士气，从而达到提高劳动生产率的目的。

与科学管理学派不同，梅奥强调人的因素，认为生产率的提高不仅同物质条件有关，而且同工人的心理、态度、动机，同群体中的人际关系以及领导者和被领导者的关系密切相关。因此，梅奥的这些理论又称为“人际关系”理论。这些理论的建立使管理思想发生了从以物为中心到以人为中心的转变。其后，在20世纪五六十年代发展起来的行为科学，对人的心理和行为运动规律的研究更加科学化，使以人为中心的管理不仅有了丰富的理论基础，而且形成了许多切实可行的制度和方法。

（四）从以人为本的管理到以人才资源为第一资源管理的转变

从唯物辩证法的观点来看，世界上没有任何事物是一成不变的，必须把它当作一个不断变化和发展的过程来看。凡是现实的就是合理的，凡是合理的就是现实的。从20世纪20年代开始，经过近30年的发展，从科学管理到人事管理，已经从体制、法规、方法等方面逐渐定型和配套。工作方式和以前没有多大变化，但有些尚未改变名称的人事部门却又增加了人力资源开发与管理的工作内容。因此，在该阶段人事管理和人力资源管理的名称实际上互相通用，两者的内涵也可彼此包容，不必要硬性规定要使用某一名称而不准使用另一名称，但从发展趋势看，人事管理必将过渡为人力资源管理或称人才资源管理。因此，人力资源或人才资源开发与管理是人事管理的新阶段，将成为企业管理的一项重要内容，而且紧密联系。

（五）人才资源管理的发展趋势——以知识经济为依托

人事管理制度改革的推动力归根到底存在于社会经济的重大变革之中。历史上经济发展形态每次发生重大变革都会引起人事管理制度发生阶段性的变化，如近代资本主义工业化生产催生了近代人事管理制度。而近代人事管理制度在指导思想、管理体制、法规、政策、社会福利及方法等方面适应工业化大生产的要求，为社会和企业的经济发展提供了人力资源的支持和保证。同样的，随着工业经济向知识经济的转变，人事管理制度也将发生重大变革并进入新的阶段——人力资源开发与管理阶段更上一个台阶。

1. 知识经济时代

工业经济时代的特征是人力和机器，而知识经济时代的特征是脑力和智慧。

在人类社会的经济发展史上，农业经济时代前后延续了几千年历史，直到 19 世纪，世界各主要发达国家完成了工业革命之后，才逐渐进入工业经济时代。工业经济代替农业经济，极大地推动了社会生产力的发展，也促进了现代文明社会的产生。20 世纪下半叶以来，由于现代科学技术的飞速发展，科技成果转化为产品的速度和高新技术产业化的步伐大大加快，又将促使社会经济发生另一次历史性转变——由工业经济时代进入知识经济时代。

知识经济是指建立在知识和信息的生产、分配和使用的基础之上的经济。知识经济时代是指以智力资源的占有、配置，知识的生产、分配、使用为最重要因素的时代。知识经济是在工业经济基础之上发展起来的一种新的经济发展形式，工业经济为知识经济的到来准备了物质的、技术的和信息化的社会条件，但两者仍有重要的区别：

（1）工业经济以自然资源和人的体力为主要依托，经济发展主要取决于对自然资源的占有和配置；而知识经济以智力资源为主要依托，经济发展主要取决于对人力资源的占有和配置。

（2）工业经济生产方式的主要特点是机械化、自然化和社会化；而知识经济生产方式的主要特点是智能化、信息化和科技化。

（3）工业经济的首要要求是高效率；而知识经济的首要要求是创新，主要是知识和技术的创新等。

这些重要区别规定和制约着人事管理制度的性质和特点。正如近代人事制度与工业经济的特点相适应一样，作为人事管理制度新阶段的人力资源开发和管理制度也应与知识经济的特点相适应。不了解这一点就难以解释为什么传统人事管理必然转变为现代人力资源开发与管理，而人力资源开发与管理又为什么是人事管理的新阶段。

2. 知识经济时代将于何时到来

据有关专家估计，到2020年以后高新技术产业的产值将全面超过汽车、建筑、石油、钢铁、运输和纺织等传统产业。到2030年左右，改变世界面貌和人类生活的重大高科技产业化将全面实现，到21世纪下半叶，人类将全面进入知识经济时代。

知识经济时代已经向我们招手，我们要树立信心和决心迎接新时代的到来，为它的到来铺平道路。人事管理制度改革必须从现实出发，并为实现经济和社会发展服务，但在这个新时代到来之前，如果我们不站在这个高度观察知识经济，就无法看清传统的人事管理制度发展的必然性趋势，以及其与人力资源管理制度之间的内在联系。人事制度的改革必然要符合知识经济时代的特征，助推我国从一个人力资源大国向人力资源强国和人才资源强国及世界科技中心的演变。事实上，党中央和国务院在“十二五”规划中也已经为人才发展战略制定了发展蓝图。

第五章
人才资源在企业发展中的作用研究

第一节　科学技术是第一生产力

马克思在巨著《资本论》中，专门论述了机器大工业在资本主义生产方式变革中的历史作用，并提出了著名的“科学技术是生产力”的论断。他同时指出：机器是提高劳动生产率即缩短生产商品的必要劳动时间的最有力手段。由于机器的发明和使用，大大地促进社会生产力的提高，导致资本主义机器大工业的工厂诞生，并最终代替了传统手工业作坊的生产。因此，机器大工业是资本主义生产方式产生的必要条件，也是资本主义生产方式进入成熟阶段的主要标志。17 世纪末期（工场手工业时期）发明了蒸汽机，随后又有人发明工具机，工具机和蒸汽机的结合，大大地提高了社会生产力效率。① 所以，从制造和使用工具机开始，资本主义生产才有可能从工场手工业过渡到机器大工业生产。在生产过程中，机器总是全部地进入劳动过程，但它的价值只有一部分进入价值增值过程。机器是严格遵照科学规律进行生产的，它能够更多地节省成本和减少消费资料的消耗。机器的生产率同机器转移到产品上的价值大小成反比。因此，机器工作的期限越长，机器转移到单个商品上的价值就越小，机器再生产时间也就越短。随着科学技术的不断进步，劳动者在生产中所拥有的物质技术装备也越来越先进，越来越多样化，从而使得加入单位商品中的活劳动的份额越来越少，物化劳动的份额越来越多。机器力代替人力生产创造了更大的价值，随着这种劳动总量或价值总量的不断减少，人类只要付出较少的社会劳动就能获得较多产品，这就标志着人类战胜自然、改造自然以适应自己需要的生产能力有了更大的提高。马克思也曾说过：资本主义生产不到 100 年，却超过了以往任何时代创出的生产总和，将来会 1 天等于 20 年。

科学技术是提高劳动生产率的重要源泉，也是社会生产力发展最重要的因素。科学技术在生产过程中越来越广泛地得到实际应用和推广，它能创造出新的更高的劳动生产率，使社会生产力得到巨大的发展。所以，马克思明确指出："劳动生产力是随着科学和技术的不断进步而不断发展的。"②

---

① [德] 卡尔·马克思．资本论（第一卷）．曾令先等译．北京：人民日报出版社，2006. 108 ~ 113.

② [德] 卡尔·马克思．资本论（第一卷）．中共中央马克思恩格斯列宁斯大林著作编译局译．北京：人民出版社，1975. 664.

邓小平在20世纪80年代初，提出“科学技术是第一生产力”的论断。邓小平同时也提出，要培养“四化”人才，即革命化、知识化、年轻化和专业化的人才。在改革开放和建设中国特色的社会主义现代化过程中，要大力发展科学技术，把科学技术变成现实的生产力。同时也要培养大量有各种专业知识的人才。如果没有专门的熟练的劳动者和专业人才，我们的科学技术就得不到广泛的应用和发展，也就不能把科学技术变成现实的生产力，即使有了先进的科学技术也难以发挥作用。因此，提高劳动生产率，开创社会主义现代化建设新局面，更重要的是要重视“四化”建设的人才培养。这就要求我们必须把教育放在重中之重的位置上，所谓“十年树木，百年树人”。要重视智力投资和智力开发，大力发展城乡各级各类教育事业，培养出各种专业人才和应用型、复合型、研究型的人才，才能开发和使用先进的科学技术，从而提高社会生产力。由此也证实了“科学技术是第一生产力”这句名言。

第二节 人才资源在企业发展历史中的作用

一、人才资源在古代经济活动中的作用

（一）古代经济发展中人才资源发挥着极其重要的作用

中国古代文明灿烂辉煌，杰出人才也如繁星当空，不可胜数。他们在各自领域成就了不凡的功绩，各种能工巧匠修建皇宫、寺庙、桥梁、水利工程，各种工场手工业作坊从业者生产和加工各种产品，如瓷器、玉器、铜器和金银器及纺织品等。它们都反映了当时经济活动中人才资源的重要作用。正是这些人才对人类社会所作出的重要贡献，才推动了社会生产力的发展和人类社会各项事业的进步。

而古代的生产者和经营者不是纯经济型的，它包含着政治、文化、宗教、军事等因素在其中，无论是皇权企业，还是官场手工业都是如此。诸如蔡伦造纸，郑和下西洋，李鸿章、张之洞建造轮船公司和枪炮兵工厂，都是如此。我们要以历史唯物主义观点来分析古代手工业作坊到近现代企业的产生和发展的历史，正确地把握唯物史观，“只有人民才是创造世界历史发展的动力”。劳动人民是社会物质资料的主要生产者，是社会一切财富的创造者。这就是马克思主义的唯物史观，也是推动古代经济发展的主

要动力。

（二）历史唯物史观对企业发展的影响作用

马克思和恩格斯于1844年8月底在法国巴黎的会晤，具有伟大的历史意义，标志着他们两人共同创立马克思主义的开始。作为他们这次会见的产物——《神圣家族》，成为他们共同创立唯物史观的奠基石。其后是马克思沿着恩格斯的《政治经济学批判大纲》的脚步，系统地研究政治经济学批判，他的巨著《资本论》花费了40年时间，用尽了毕生精力。马克思通过这种系统而认真的研究，认识到物质资料的生产是人类社会赖以生存和发展的物质基础，由此发现了人类社会历史发展的根本动因。马克思主义唯物史观的创立给人们提供了一把认识世界的“钥匙”，大大地强化了人类对社会历史发展及人类自身发展的认识。

二、人才资源在工业经济时代的作用

人类社会从农耕社会向工业经济社会发展是社会生产力发展的必然结果。蒸汽机的发明和电力的使用大大地促进了社会生产力的发展，工业作坊到机器大工厂的生产是工业经济出现的产物。19至20世纪是人才涌现的“黄金年代”，出现了不少思想家、科学家、管理学家、经济学家、企业家和发明家，如爱迪生、爱因斯坦、泰罗、法约尔、德鲁克、凯恩斯、刘易斯、熊彼特等，他们都是工业经济时代的伟人，为那个时代的社会发展和经济发展作出了很大的贡献，在客观上他们的身影就是那个时代的发展标志。所以，人才资源在工业经济时代起到了巨大的作用。

三、人才资源在现代社会发展中的作用

20世纪是历史上发展最快的一个世纪，但也是危机和挑战最多的一个世纪。如1914—1918年的第一次世界大战和1939—1945年的第二次世界大战，都发生在20世纪，还有多次大地震、海啸等，都给人类带来了极大的灾难和沉重的打击。但是，20世纪也是人类历史上科学技术取得最辉煌成就的世纪，无论在深度还是在广度上都大大地超过了以往的世纪。恩格斯在《自然辩证法》一书中总结人类在19世纪的三大发现，即细胞、能量守恒定律和进化论。在20世纪，人类也有相对论、量子理论和遗传密码三项伟大发现，被称为人类科学智慧的最伟大杰作。[①] 爱因斯坦的相对论揭示了时间、空间、物质和运动的普遍规律，是人类在探索物质世界统一性征途上的一次巨大胜利，它为高空物理、天体物理、放射性化学等一批新兴基础科学以及航空、航天技术、核能应用技术等高新技术的诞生开辟了道路。普朗克和薛定谔等人创立的量子理论，是人类对微观世界物质运动及相互作用在认识论上的一次历史性跨越，它不仅为结构化学、凝聚态物理、理论生理学等学科奠定了理论基础，而且为微电子、光电子、激光技术、新材料、核技术、纳米技术等产业发展打下了深远的基础。还有沃森和克里克两人在1953年根据对脱氧核糖核酸DNA晶体结构的X射线进行分析，提出了DNA的双螺旋分子结构模型，揭示了生

① 陈锋．智慧的辉煌：世界10大科技进步．北京：中国计量出版社，中国社会科学出版社，1999.1.

物界的遗传密码，从而诞生了分子生物学和基因工程技术等学科，开辟了生命科学技术的伟大革命，为人类解决粮食、牲畜、良种、环境以及人类生存和发展的基因遗传等问题提供了钥匙，展现了未来。① 同时人们研究的克隆技术、隐形武器、机器人技术、信息技术、网络技术、计算机技术、哈勃望远镜以及太空实验等，都为工农业生产和国家安全建设发挥了巨大的作用，同时也为现代企业发展作出了巨大的贡献。因此，高科技人才对促进社会的科技发展和经济发展都作出了不朽的贡献，他们必然名垂青史。

第三节　人才资源在知识经济时代的作用

一、知识经济时代的到来

20 世纪的 10 大科技是推动世界科技和经济发展的催化剂，包括现代生物技术、材料技术、计算机技术、空间技术、现代通信技术、激光技术、机器人技术、自动化技术等，它们推动了社会生产力的极大发展，同时也推动了社会经济的巨大发展。科技发展的日新月异明显地标志着知识经济时代的到来，并在社会各行各业中发挥着巨大的作用，其对人类社会历史发展的作用是无法估量的。

① 陈锋．智慧的辉煌：世界 10 大科技进步．北京：中国计量出版社，中国社会科学出版社，1999. 2.

从15世纪末哥伦布环球航行发现美洲大陆，人们就不断探索这个未知的客观世界。加之西方各国在中世纪文艺复兴以后提倡科学，反对封建迷信，因此，科学技术得到了较快发展，并由此促进了西方的企业发展，尤其是17世纪蒸汽机的问世和18世纪电力的普及，使西方在航海业、机器制造业、纺织加工业、军工业等方面都得到了极大的发展。整个欧洲的发展，要快于亚洲一个多世纪。当然，亚洲整体落后于欧洲不仅与本身的发展有关，也与欧洲的殖民侵略有关，因为任何一个国家在殖民主义统治下都难以得到较快发展。

20世纪中，人类在科学技术发展上，无论在深度还是广度上都远远超过了以往任何时代，取得了辉煌的成就。

人类在远古时期以攀摘野果、捕鱼打猎为生，后来发展到饲养动物、开荒种地，再发展到农业生产，人类的农耕社会延续了几千年。同时，人类的祖先也逐渐掌握生物技术，诸如栽培技术、饲养技术都得到极大发展，尤其是生物技术在19世纪以后，由于显微镜的应用等，为现代生物技术开辟了新的发展道路。

现代生物技术主要包含四大技术群体，即基因工程、细胞工程、酶工程和微生物工程四大类。① 这四大类技术群互相渗透、相互影响、共同促进，使得整个生物技术得到迅速向前的发展，从而带动了社会相关产业链的发展，如医学、化学、军工和教育技术的发展。现代生物技术不仅有助于解决人类面临的环境问题、食物问题、人口问题、能源问题和遗传疾病问题，还有助于解决

① 陈锋．智慧的辉煌：世界10大科技进步．北京：中国计量出版社，中国社会科学出版社，1999. 1～3.

人类的生老病死和延年益寿的问题。可以说，生物技术的研发和应用无不反映出知识经济时代的特征。

二、空间技术、现代通信技术与人才资源的关系

（一）空间技术

中国古代就有“嫦娥奔月”的传说，在 20 世纪我们已实现了这种传说。在 1961 年 4 月 12 日苏联把“东方 1 号”飞船和太空第一人——尤里·加加林送入太空。我国在 2003 年也开始了太空之行，当年 10 月 15 日，神舟五号载人飞船将航天员杨利伟送入太空。2012 年 6 月 16 日，神舟九号飞船升空和天宫一号对接，并于 6 月 29 日上午安全地飞回本土。中国人为实现这一梦想，从“嫦娥奔月”到实现太空之旅走过了几千年。我国近年来 1 000 多种新型材料中就有 80% 来自于空间技术研制，而且已有 2 000 多种空间技术及成果应用到国民经济各部门，不仅在卫星通信、遥控技术、卫星导航、防灾救灾、食品生产、医疗卫生、农业种子优种等方面都取得优良成果，甚至连速干衣、运动鞋、种子、瓜果等都有航天技术的运用。空间技术所带来的成果，已走进千家万户，同时也给酒泉卫星发射中心周边地区带来巨大商机，如酒泉市在 2007 年的旅游收入达到 16. 4 亿元，而截至 2011 年酒泉的旅游综合收入达到 52. 23 亿元。从另一个角度来说，中国航天事业取得的巨大成就，将会增强中国的国威和提高国人敢于“上九天揽月”的信心，实现了几千年来中国人的梦想。总之，空间技术研制成果是几代中国人长期努力的结果，同时也给中国企业带

来巨大商机，推动着中国企业向前发展，走向世界。

（二）现代通信技术

信息是人们赖以生存和发展的基本条件之一，也是人与人之间沟通和交流的最基本条件。失去信息沟通，人们就像聋子和哑巴，所谓交流就无从谈起了。所以，信息是人类乃至整个自然界中各种生物赖以生存和生活的基本条件之一。人们为了信息的传递与交流，创造了语言和文字图形等，由此开创了整个人类文明。在现代通信技术产生以前，人们在远古社会进行信息传递和沟通主要是靠声音和肢体动作，比如打手势等；在古代人们采用烽火台、钟声、吹号声；1837 年美国人莫尔斯发明电报机，其后贝尔于 1876 年发明电话机，到 1896 年意大利人马可尼研制成功无线电发射装置——无线电发报机。[①] 进入 20 世纪以后，人们在新材料、新器材、新概念、新原理的条件下陆续发明了电子管、晶体管、集成电路和超大规模集成电路，由此推动了光纤通信技术、卫星通信技术、互联网（Internet）等现代通信技术的发展。由于国际互联网的开通，它可以把数以亿万计的技术资料引进数据库，在网络中可以运用数据、文字、图像、声音等多种媒体形式进行信息的传递和交流。其信息的内容涉及政治、经济、商业外贸，以及宗教、文学、艺术、科学、技术、教育、法律、体育、卫生、军事工业、国防等方方面面。总之，互联网提供了全球性的资源共享和信息沟通，因此，被人们称为全球性信息高速公路。据统计，2012 年全球有 25 亿多网民，中国就有 3 亿多，有上亿台计算

① 陈锋．智慧的辉煌：世界 10 大科技进步．北京：中国计量出版社，中国社会科学出版社，1999. 154 ~ 155.

机登录上网。2013 年，利用手机登录移动互联网的用户在全世界已有 50 亿户，其中中国就有 8 亿用户，而且增长速度惊人。这比以往任何时候的信息传递和交流的规模都更为庞大，它的前景无法估量。

总之，现代通信技术的发展与应用，对推动社会经济发展和改善人们生产、生活的作用是无法估计的。由于通信技术在各行各业的广泛应用，极大地推动了行业内部和外部变革，因此，培养和造就各行各业的专业人才是企业一项长期的战略决策。

人才资源的开发与利用同企业的发展密不可分，要想企业有较大的发展，就必须有强大的人才资源库。有人说 21 世纪的经济竞争，主要是高科技的竞争，而高科技的研发和应用又要靠人才，所以，谁拥有人才资源和储备高素质人才，谁就有在海洋、在太空开拓的优势和竞争力。因此，在国家的“十二五”规划中，提出把我国从人力资源大国转变为人力资源强国，这就是实行大国发展战略，也是中华民族的伟大复兴之梦。

以上这些都充分说明，一个企业乃至一个国家、一个民族的发展与人才资源的开发和利用的关系是何等密切！同时也充分说明，在高科技时代培养和引进高端人才有着多么重要的意义！所以，中国应有全球化眼光，应从全世界选拔和引进高端人才。

第三编　企业制度发展趋势的研究

第六章　中国企业走向国际市场参与竞争

第七章　现代企业的创新与中国企业的发展趋势

第六章

中国企业走向国际市场参与竞争

中国企业在改革开放以前受体制制约，主要是传统国有企业和集体所有制企业欠缺活力，没有能力走向国际市场参与竞争。改革开放以后，中国企业有了很大的发展，综合经济实力也有了很大的飞跃，加上在技术、品种和品牌上都有极大的进步，所以，中国企业在 20 世纪 90 年代末期开始走向海外市场，参与国际市场竞争。

第一节　中国跨国公司的形成和发展

一、什么是跨国公司

所谓跨国公司，就是指具有全球化的经营动机和一体化的经营战略，在多个国家拥有从事生产经营活动的分支机构，并将它们置于统一的全球性经营计划下的大型企业，又称国际公司或多国公司。如在中国生产经营的福特、大众和本田汽车公司等，就是典型的跨国公司。

二、跨国公司理论的提出

在20世纪30年代，美国的经济学家罗伯逊（1938）就把跨国公司视为推动一个国家经济增长的“发动机”。在他的《国际贸易前景》一文中，全面阐述了国际贸易在优化资源配置、促进国际分工和加速不发达国家资源开发等方面所产生的巨大作用，并由此充分肯定国际贸易在促进经济发展过程中的重要地位。跨国公司在世界经济上的重要作用为人所认识是在20世纪八九十年代，1992年的世界投资报告中明确提出：跨国公司已成为世界经济增长的重要引擎（UNTCT，1992）。它表明了一个事实，在国际贸易中跨国公司已对世界经济的增长产生重大的影响。[①] 跨国公司的直接投资及投资大小对促进世界经济增长尤其是对发展中国家的经济增长，发挥着日益重要的作用。

三、中国跨国公司的产生和发展

（一）历史原因

远古社会由于生产力不发达，商品生产主要靠手工业和工场作坊，如制陶业、冶金加工业、木器加工业等，在农村主要是种

① 杨先明．发展阶段与国际直接投资．北京：商务印书馆，2000. 167～168.

植业和养殖业，农民是自给自足的自然经济，因此只有少量的商品交换，也就谈不上有大量的商品用于国际贸易往来。

公元前211年，秦始皇统一中国后，通过统一货币、统一文字和统一度量衡，促进了当时社会经济的发展。汉武帝统一北方后，打通了从长安通往西域各国的丝绸之路，这时才同西域各国发生商品交换，东西方的文化交流促进了国际贸易的形成和发展。其后，唐王朝建立，由于经济发展迅速，更加促进了同西域各国的贸易往来。

到了明朝后期，投入市场的农产品和手工业产品已达2 000多种，加上印刷业和造纸业以及炼铁业的产生和发展，商品经济空前活跃，郑和下西洋和到达北非沿岸所进行的海上贸易，推动了中国商品（主要是茶叶、丝绸和瓷器）进入国际市场，加快了同东南亚各国的贸易发展。

（二）改革开放前的对外贸易状况

新中国成立后，在1980年以前，中国对外经济是计划经济体制下的对外贸易，主要是与东欧包括苏联等国家的贸易往来，只有少量的贸易经过香港打入国际市场。那时根本不允许在国外投资设厂，哪怕是社会主义国家也是如此。所以新中国成立后，对外贸易一直是在低水平上徘徊，每年增长十分有限，在十年“文革”期间更是受到影响，对外贸易停滞不前。

（三）中国的改革开放和市场经济体制的确立

十一届三中全会召开以后，党的工作着重点转移到“以经济建设为中心”，代替“以阶级斗争为纲”。中国的改革是从农村开始的，农村实行家庭联产承包责任制以后，农村经济像雨后春笋一样发展起来了。中国城市改革是在农村经济体制改革后，在1984年才开始实行的，主要是国有企业改革和城市集体经济体制改革。这样从农村改革成功再推动城市改革，一环扣一环，一步看一步，用邓小平所言，就是“摸着石头过河”。在改革的同时，也实行对外开放，首先成立四个“经济特区”，即深圳、珠海、汕头、厦门，并通过试点然后扩大到14个沿海和沿江城市，最后再扩大到全方位的开放，吸收外资扩大再生产。这样就推动了中国经济高速增长，1981—2001年这20年中中国经济翻了几番，外汇储备达到1万多亿美元。这是中国改革的初始表现，也是改革开放所取得的巨大成就，大大激发了人民群众对发展经济的热情，以及对改革开放的支持和拥护。

1992年邓小平著名的南方之行，解决了人们长期所困惑的“姓资”还是“姓社”的问题，邓小平一针见血地指出：资本主义也有计划，社会主义也有市场，计划和市场都是关于资源配置的手段，它并不代表社会制度的性质。这一下解决了人们长期以来精神上的迷惑，使人们思想上一下豁然开朗。其后党的“十四大”召开，确立了社会主义市场经济体制，这样就明确了中国走特色的社会主义道路的方向。市场经济体制是党的“十四大”决议确立的，在中国共产党发展史上具有重大里程碑的意义。

从1992年至2012年，这20年来的实践证明，邓小平理论的提出和党的“十四大”决议是正确的，它使中国经济发展跨越了几个世纪，国内经济的生产总值GDP由世界的第37位猛增到第2位。中国不仅自身改革开放成功，同时也影响了周边国家和其他社会主义国家的改革开放，尤其是越南和古巴。古巴从2008年世界金融危机以后，加大了改革开放的步伐，个体工商经济发展迅猛。越南更是进行全面改革开放，大大地促进了经济的高速发展和人民生活水平的提高。

这也充分证明了社会主义模式完全可以走中国特色之路，而且证明了在当代的国际环境下这种模式更加适合。所以，越南、古巴也仿效中国的改革开放，走有自己国家特色的发展道路。

（四）中国跨国公司的产生和发展

1. 中国跨国公司的产生

随着中国改革开放的深入和经济的高速发展，加上从2001年以后，中国加入世贸组织，这为中国跨国公司的产生提供了客观条件。邓小平在20世纪80年代初，就提出开辟国内和国外“两个市场”，这为中国跨国公司的产生提供了精神动力。

随着经济全球化的趋势日益增强，世界各国对经贸的依赖程度也日益突出，国际化的分工和合作紧密相连，几乎到了牵一发而动全身的状况。中国的跨国公司也应运而生。中国作为一个发展中大国，理应参与国际直接投资，推动国际经济的复苏和发展，在这一前提下，中国跨国公司已逐渐融入国际市场。从亚洲、欧洲到非洲、拉丁美洲，到处都可以看到中国跨国公司的身影。世界各地的货架上到处可以看到中国商品，写着“中国制造”。

2. 中国跨国公司的发展

说起跨国公司的历史发展，人们就会想到在15世纪末期哥伦布探险美洲大陆，以及16、17世纪非洲贩卖黑奴，一直到葡萄牙、西班牙、丹麦、荷兰及英国等掠夺亚洲、美洲及非洲的资源，成为殖民强国和霸主。尤其是英国在19世纪初期至20世纪中期，这一百多年中，它几乎控制了全世界1/3的面积，有20多个殖民地，包括印度和巴基斯坦都是英属殖民地，英国在当时就是世界霸主，其绰号就叫“日不落帝国”。所以，早期的殖民主义大国主要是靠武力征服世界，靠的是掠夺世界人民的财富而起家的。所以，新崛起的大国也往往被认为是霸权主义或殖民主义国家。但中国不是，中国是靠平等互利、和平共处、谋求共同发展为宗旨的，是和平崛起的社会主义国家。

（1）跨国公司是在20世纪60年代以后发展起来的，到80年代后发展日益突出，跨国公司直接到世界各地投资，成为世界经济增长的重要引擎。从世界范围来看，跨国公司的经营加速了国际生产一体化进程，改善了世界市场范围内的资源配置效率，同时，跨国公司通过直接投资经营，向发展中国家转移了一系列经济增长要素，这在客观上有助于发展中国家的经济发展、科技进步以及人才培养。

（2）中国的跨国公司是在20世纪90年代以后发展起来的，由于国内经济发展，为了把产品和技术打入国际市场，首先在东南亚各国，再到西亚、南亚次大陆，再向非洲和南美洲等地直接投资。中国跨国公司发展稳健，尤其是在2008年美国金融危机以后，中国的跨国公司有了很大的发展。随着中国的经济发展和国际地位的提升，加上中国人注重平等互利、讲求诚信、不干涉别国内政及不附加政治条件等，中国的跨国公司已受到世界各国人民的信任和支持，因此，中国跨国公司的贸易越做越大，实力也在不断增强。2013年3月习近平主席访问南非、坦桑尼亚、刚果（布）等地，带去了大量的投资项目。另外，中国在南美的巴西、委内瑞拉和阿根廷也有大量的投资项目（主要是石油、天然气）。但是，中国跨国公司在国外直接投资也遇到不少麻烦，如公司生产经营一条龙的运作，比如在利比亚、苏丹、缅甸等，也就是从管理人员、技术人员到普通员工，全部是中国公民，不再请当地员工，这样就导致了当地人民不满，反对中国跨国公司。另外，不少中国公司只同当地政府交涉，而很少同民众接触，因此，一旦他国发生政治动乱，如伊拉克、利比亚、苏丹等国内乱，中国公司就得撤侨，否则，在国外就连员工生命安全也难保障。

据统计，国际上的跨国公司控制了全球直接投资90%以上的国际资本，已经成为主宰国际资本流动的主体。当前面对世界经济格局的变化，“金砖五国”（BRICS）新兴经济体的诞生，大大地推动世界经济的复苏和发展。2013年3月27日，南非总统祖马宣布，“金砖五国”同意正式商讨成立金砖国家开发银行，同时，创建1 000亿美元应急储备基金。据报道，中国拟出资410亿美元，巴西、俄罗斯、印度分别出资180亿美元，南非出资50亿美元。金砖国家“实心化”趋势明显。所以，有关专家认为，这标志着金砖国家的合作从宏观的政治合作走向了经贸方面的务实合作。这也为金砖国家的跨国公司直接投资打下了良好的基础。中国作为一个经济快速增长的大国，也应该承担更多的义务和责任，为世界的经济复苏和增长作出应有的贡献。

第二节　跨国公司研究

国内学者对跨国公司的研究主要是从以下三个角度来进行的：

第一个角度是研究一般的跨国公司。比较早的代表论著有：滕维藻、陈荫枋主编的《跨国公司概论》，厉以宁的《中国企业的跨国经营》，杨德新的《跨国经营与跨国公司》等。这些论著集中反映了跨国公司在华投资的一般理论，如跨国公司的技术转让、加工贸易、国际经营、组织机构设置、商业运作等方面的内容。

第二个角度是从国际企业管理来研究跨国公司。主要代表论著有：邓志阳、董黎明的《国际企业管理》，谭力文和吴先明主编的《国际企业管理》，宋亚非的《国际企业管理学》等。事实上，跨国公司和国际企业在本质上是同一种意义，但是两者在体系上有所区别，国际企业涵盖了跨国公司，跨国公司的国际生产经营是要在该国注册的较大国际企业，这是同一般国际企业生产经营的主要差别。另外，有一种理论是从直接投资来研究跨国公司；而另一种理论是从国际经营管理出发来研究国际企业的生产经营。

第三个角度就是研究外商在华投资的中外合资经营、中外合作经营和外商独资经营的企业，所谓三资企业。主要代表作有郑柏树的《外商投资企业新编——策划·建立·运作》，邵一明的

《中外合资企业管理理论与实务》等。这一角度主要研究“三资”企业在华投资，包括港、澳、台来华投资的公司和商人。主要是阐明引进外资的实施政策、法律法规、设立条件和具体管理、审批程序等，也包括中外双方股东权利、组织机构、利润分配和风险承担以及中国对外资的优惠政策等。

以上三个角度的研究各有优缺点，主要集中在国际直接投资上。国际直接投资的优点在于能促进世界经济增长，带动东道国国民经济增长，推动科技发展和人民生活水平的提高。其缺点在于没有充分考虑各东道国的国情，盲目投资较大，一旦遇到国际风云变幻，收回投资成本的可能性较小，损失较大，如中国在伊拉克和利比亚的投资，就能说明这一问题。这就是说在国际直接投资时要充分考虑多种因素，如政治、经济、文化、宗教、军事、外交等因素，并作出正确评估。①

总之，跨国公司直接在国际上投资是要冒风险的，关键是在直接投资前要预测各种风险，这样就可以把风险降低到最低限度范围内。

① 杨先明．发展阶段与国际直接投资．北京：商务印书馆，2000. 176 ~ 178.

第三节　跨国公司的发展趋势

一、跨国公司对发展中国家的影响

跨国公司直接投资是促进国际经济发展和世界科技进步的“发动机”，尤其是对发展中国家有较大的影响。如20世纪末期亚洲经济腾飞的“四小龙”，即日本、韩国、新加坡和中国台湾。这“四小龙”成为亚洲和世界经济增长的典型代表，尤其是日本在当时已成为世界第二大经济体。但在1997年遭受亚洲金融风暴打击后，剩下来的只有韩国，其他“三小龙”都蒙受极大损失，尤其是日本，不仅遭受金融风波损失巨大，加上受日元升值的影响，十几年来，经济一蹶不振，一直在低水平上徘徊；政治也受到冲击，派系斗争层出不穷，连续换了十几位首相。这就是日本经济低迷所带来的政治斗争冲击。现在日本极右势力上台，要复活日本军国主义，这是中国人民和一切热爱和平的世界人民坚决不会答应的。

二、跨国公司直接投资对经济的拉动

在2008年金融危机后，新兴经济体如中国、俄罗斯、印度、巴西和南非发展势头迅猛，取代了亚洲“四小龙”的历史地位。

尤其是2008年美国爆发金融危机以后，经济仍然萧条，还没有恢复；在欧洲，欧债危机加剧，像瘟疫一样蔓延，从希腊传到意大利，仍然负债累累。至今欧债仍无“起死回生”的可能，至少在短期内不可能恢复到2008年金融危机以前的水平。世界经济复苏的不确定因素很多，短时间内难以恢复经济增长。因此，新兴经济体的跨国公司直接投资仍然存在着巨大的阻力和风险，国际投资环境仍然不容乐观。但是不管跨国公司的投资环境如何变幻、不可预测，跨国公司直接投资推动世界经济复苏和增长的趋势不可逆转，尤其是金砖国家相互直接投资的前景是美好的，尽管道路征途仍然曲折。

因此，我们要深层次地分析国际投资环境，慎重把握和开发国际市场的直接投资，充分发挥跨国公司直接投资拉动世界经济复苏和增长的引擎作用。跨国公司的未来发展趋势是美好的，因为它能代表国际贸易发展的潮流和全球经济发展趋势。

三、跨国公司直接投资会面向海洋资源的开发与利用

随着陆地资源的逐渐枯竭，近年来人们把目光瞄准了海洋资源的开发和利用，不少跨国公司把大量资本用于海洋资源开发，尤其是油气资源的开发。像美、英、法、德、日、俄等经济大国，它们不仅向南极而且也向北极争夺。所以，在未来的几十年间，争夺海洋自然资源的斗争将会持续很长一段时间，跨国公司向海洋资源的投资开发成本也会增加很多。21世纪跨国公司对海洋资源的开发和利用将会摆在重要的位置，这是整个世界的大环境造

成的，因为海洋占整个地球表面面积的71%，在陆地资源开采逐渐枯竭的情况下，人们不得不把目光投向海洋，这也是跨国公司未来投资的发展趋势。

第七章
现代企业的创新与中国企业的发展趋势

第一节　现代企业制度创新和谋求发展

一、现代企业制度创新

在工业时代，由于企业股份制和产权制度具有最大优化和创新性，能给消费者提供更多的价值剩余，所以竞争环境的变化对同质生产的短暂性要求很高，要求企业组织的转换成本很低，否则就会缺乏适应性。由于刚性的企业制度模式与企业外部环境的不适应，在竞争环境不断变化的国际市场上，随着用户需求的多样化和广泛性，产品个性化以及产品寿命周期存在综合性的发展趋势，以及提供能源和交通资源、产品技术含量与研发费增加的要求。因此，企业必须积极寻找外部资源，这样，先进的信息技术和管理技术为企业制度创新提供了基础。也因此，现代企业制度应运而生，用以提高企业竞争能力，适应国际环境的变化。

二、现代化借助互联网的作用

现代企业多以计算机为依托，运用以互联网为代表的特殊信息技术，是以计算机和各种资源的特殊利用为背景的。国际空间变得越来越小，而竞争的范围越来越大，并渗透到各个领域。互联网在企业生产和销售产品中的作用越来越大，甚至已跨越国界进入全球。

三、虚拟企业的产生和发展

虚拟企业是指企业功能的一种全新发展模式，这种专业化、运作方式与服务方式独特、结构分散化的企业在互联网上出现并迅速发展，比如网络购物，在 2012 年达到几百亿元的交易额。虚拟企业的发展形成国际范围内的电子商务竞争的趋势，在未来发展中潜力极大。

第二节　国外企业制度的创新与发展

20 世纪 90 年代以来，以信息技术产业为代表的所谓“新经济”的出现，以及经济全球化潮流的迅猛发展，成为世界经济的两大趋势。伴随这两大趋势的全球高科技产业和网络经济异军突起，知识资本和人才资源的作用空前提高，经济自由与放松管制的潮流迅猛发展，新的全球经济已经形成。所谓经济全球化，已经于20世纪末期在全世界范围内形成。

所有这些都使各国企业面临着全新的竞争，从一般的成本和规模竞争变为技术、知识和创新能力的竞争，从国内和区域竞争变为真正的全球竞争，从充满各种保护限制的竞争变为自由竞争。在竞争升级的巨大压力下，近年来以跨国公司为代表的发达国家的大企业，为战胜竞争对手和维持领先优势，率先进行了一场意义深远的企业制度改革，从企业制度安排、企业组织形式、资本结构和企业规模等方面进行了广泛的调整、重组和创新，从而为企业在新经济时代的进一步发展提出了可能。同时，这些调整和创新对发展中国家的企业提出了严峻的挑战，同时也对其有所启发，使其可以在建立现代企业制度的同时跨越性地进行制度创新。

国际战略联盟是新经济时代企业外部组织形式和制度的创新。新经济的发展以及知识、技术在竞争中的决定性作用，使得国际大企业必须维持知识创新和技术优势，把握时代脉搏，而这一任务依靠传统的企业内部研发（一体化形式）或者外部市场获取（市场形式）都是不够的，实行一体化的战略联盟正好成为最有效的形式，于是战略联盟的组织形式被提到一个新的高度。通过这种联盟，企业建立了一种不同于纯粹市场关系或者纯粹一体化的新型关系形式，形成了一个互相交叉、互相融合的外部网络。这个外部网络大大丰富了企业外部组织结构的简单市场合同关系的形式，使企业组织形成了一体化、市场化和准一体化（准市场）的三种形式，以此适应了新经济时代研发成本提高，市场范围扩大、更新和淘汰迅速等挑战。但是从 2008 年金融危机以来，在世界经济萧条的情况下，出现贸易保护主义抬头的现象，大大拖延了世界经济的复苏。只有打击和反对贸易保护主义，才能实现世界经济的复苏和增长。这些都要靠各国政府共同努力。

第三节　中国近代生产力发展状况

一、中国资本主义经济的产生和发展

从公元前 221 年秦始皇统一中国到公元 1911 年清王朝被推翻为止，中国经历了 2 000 多年的封建专制社会。在封建社会，主要是以自然经济结构为主，又称小农经济社会结构。小农经济和家庭手工业紧密结合，这种耕织相依、刀耕火种的自给自足的自然经济，依托于以户为单位、以家庭为基础的村社组织。农民不但生产自己需要的粮食和农产品，而且生产自己需要的大部分手工业产品，其商品交换在一个狭窄的范围内进行，即所谓的农贸市场。随着商品经济的发展和交通运输的扩展，中国封建社会内部逐渐孕育了资本主义，19 世纪 60 至 70 年代，中国民族资本主义产生。近代中国民族资本主义的产生，并不是原来中国封建社会内部资本主义萌芽的直接发展，而是由于外国资本主义入侵这个特殊条件刺激后的产物。中国民族资本主义在当时的历史条件

下，代表着中国社会发展的新方向，对近代中国社会的变迁产生了巨大而深刻的影响。

随着中国民族资本主义的产生，中国出现了民族资产阶级，主要是由买办、商人、官僚和地主转化而来的一个群体。总之，中国民族资产阶级是一个兼有两面性的阶级，既有革命性的一面，又有非革命性的一面，这是由它本身阶级地位的软弱性所决定的。它是一个具有爱国性的阶级，他们拥有知识、财富和物质基础。这个阶级也是一个文化水平较高、善于搞“土洋结合”的群体，为推动社会的发展作出过一定的贡献。几乎与此同时，中国无产阶级也成长壮大起来了。这就为中国近代史上新民主主义革命打下了坚实的基础。

二、中国社会主义现代化建设道路的探索

中华人民共和国的成立标志着中国新民主主义革命已基本结束，中国历史进入一个新的时期，即社会主义社会。从 1949 年 10 月 1 日新中国成立到 1976 年 10 月文化大革命结束，全国各族人民在中国共产党的领导下，为寻找一条社会主义改造和建设的道路，进行了可贵而又艰辛的探索，既取得了辉煌的成就，也付出了沉重的代价；既有成功的经验，也有失误的教训。历时二十多年的经验与教训都难能可贵，都成为我们今天进行社会主义现代化建设的宝贵财富。这一时期主要是以计划经济为主的历史时期，所实行的是苏联模式，也可以称为斯大林模式。

（一）毛泽东对国内外社会主义建设经验的总结

在中国这样一个贫穷落后、底子薄弱的东方大国，进行社会

主义改造和建设是一项史无前例的伟大事业。为了探索一条适应中国国情的社会主义建设道路，在社会主义改造基本完成以后，大规模的社会主义建设全面展开。由于缺乏经验，中国的经济建设基本上是照搬苏联社会主义建设的模式。这种高度集中的政治体制和计划经济模式，在新中国成立之初曾经发挥过极其重要的作用，使我国在很短时期内恢复国民经济元气和建立了自己的工业体系。但随着国民经济的快速发展，照搬苏联模式所造成的弊端逐渐暴露出来，而且苏联模式本身也存在许多严重弊端，给苏联造成了严重的后果。因此，在斯大林逝世后，苏联和东欧一些社会主义国家普遍要求改革，并要求对斯大林晚年所犯的错误进行批判和纠正。正是这样，中国共产党也开始重新审视苏联模式，下决心探索一条适合中国国情的社会主义建设道路。尤其在 1956 年至 1965 年的 10 年中，取得了一些成果，也有一些教训。

1956 年 4 月 25 日，毛泽东在大量调查和反复讨论的基础上发表了《论十大关系》的重要讲话。这篇讲话以苏联经验为借鉴，并总结我国的经验，论述了我国社会主义革命和社会主义建设的十大关系①：

（1）重工业和轻工业、农业关系。

（2）沿海工业和内地工业的关系。

（3）经济建设和国防建设的关系。

（4）国家、生产单位和生产者个人的关系。

（5）中央和地方的关系。

（6）汉族和少数民族的关系。

---

① 毛泽东．毛泽东选集（第五卷）．北京：人民出版社，1977. 267.

（7）党同非党的关系。

（8）革命和反革命的关系。

（9）是非关系。

（10）中国和外国的关系。要学习一切民族。

毛泽东《论十大关系》的发表，标志着中国共产党独立探索社会主义建设道路的开始，并为随后不久召开的中共“八大”，作了思想上和理论上的准备。

第四节　中国社会主义改革开放

一、以经济建设为中心的提出

1978 年 12 月，党的十一届三中全会召开，把党的工作着重点由“左倾”路线确定的“以阶级斗争为纲”转移到“以经济建设为中心”的轨道上来，从此结束了长达 20 年之久的以阶级斗争为纲的路线。在 20 世纪 80 年代初，神州大地上开始出现了一场波澜壮阔的经济体制改革浪潮，全国各地发生了翻天覆地的变化。首先是农村的农业经济体制改革。农村经济体制改革是从计划经济体制的外围开始，由农村的家庭联产承包责任制开始，调动了亿万农民的积极性，在短短几年时间内，农村经济翻了几番，农村面貌发生了根本性的变化。不但解决了多年没有解决的温饱问题，而且推动了农业向专业化、商业化、社会化的方向发展。由于劳动生产率的提高，广大农民利用剩余劳动力和资金自主的多种经营方式从事商品生产，在农村迅速涌现出大批种植业和养殖业的专业户、重点户，促进了农业生产商品化。同时，家庭联产承包责任制的推行，使许多农民得以从土地上解放出来，为城市建设和工商业、交通运输、采掘业、服务业的发展提供了大量的劳动力。

二、农村生产力的解放

农业生产率的提高，农副产品的商品化发展，促使长期实行的统购统销制度进行改革。由于农村的改革促进了乡镇企业的发展，农业生产责任制实行后，原来的社队企业也逐步实行责任制。同时，一些地方实行集资办企业的政策。到 1983 年全国乡镇企业已达 50 多万家，产值达 30 多个亿，就业人员达 8 800 万人，非农业产值首次超过了纯农业总产值。到 1994 年全国乡镇企业总产值突破 4 万亿元，创利润 2 380 亿元，交纳税收达 1 377 亿元。乡镇企业的发展，对于吸收农村剩余劳动力，改善农村产业结构，促进农村经济商品化、工业化、农贸化，发挥出越来越重要的作用，使得农村广大地区的面貌发生了天翻地覆的变化，也为中国的城市改革奠定了坚实的物质基础。

三、农村经济体制的改革成功，为城市经济体制改革创造了有利条件

城市经济以社会化大生产为基础，其改革与农村有着重大差别。它有着涉及面广、关系复杂、难度大等特点。农村改革以调动农民积极性为主，城市经济体制改革则以建立良好的经济体制为主，建立市场经济体制是城市经济改革的重要方面。1984 年 10 月中共中央十三届三中全会通过《中共中央关于经济体制改革的决定》，标志着我国改革的重点由农村转移到城市，城市经济体制改革全面展开。改革增强了企业活力，尤其是增强了国有大中型企业的活力，这是我国经济制度改革的中心环节。在理论上也有所突破，改革设计者明确指出：我国国民经济是建立在社会主义市场经济体制基础之上的。在实行承包经营责任制的同时实行了厂长（经理）负责制，以及企业劳动人事制度改革，不再由国家统包统配就业，而是实行双向选择，劳动者自愿组织就业和自谋职业。这些都初步改变了计划经济时代一统天下的用人制度。从 1986 年起国家正式规定在新招工人中实行劳动合同制。企业有了自己的用工制度，管理上也有了自主权和经营权。这实际上就是实行市场模式。

经济体制改革导致国家在经济管理体制上的变化，国家不再直接干预企业的生产经营活动和用工制度。国家只是运用经济手段、法律手段、税收手段和行政手段对经济进行间接调控，市场体制成为企业经营活动的主要调节者，劳动力、资源、社会财富主要通过市场来配置。时至今日，国有企业的改革正向建立现代企业制度努力发展，尽管初见成效，但任重而道远。只有坚持不

懈地努力创新，才有可能建立带有中国特色的企业管理制度，并驱动企业朝着国际化的方向发展。实际上，这些年来国有企业和集体企业的改革已充分证实了这一点。

第五节　中国企业管理体制的未来趋势

一、国有企业改革是建立在公司治理制度之上的

20 世纪 90 年代以来，我国不少国有企业引入外国公司制，纷纷建立股东大会、董事会、监事会和经理层班子，并以此作为企业的经营架构模式，董事会可以代表所有者利益，解决国有企业治理问题。但实际上不少公司的治理结构中责权并未得到统一，运转不够协调，制衡失效，主要表现在股东的权益不能保证，董事会和经理层之间关系混乱，监事会形同虚设等方面。其后 1994 年的《公司法》及 2006 年修改后的《公司法》都对此有明确的规定。

股东权益不能保证，突出的是两种情况：一种是大股东侵吞小股东的利益。在国有控股公司里，国有股“一股独大”，公司的股东大会实际上是大股东会，而董事会成员和监事会中 2/3 以上的成员实质上又是从大股东推荐的候选人中产生的。这种公司实际上是大股东独裁的公司，治理结构必然失效，大股东可利用关联交易等手段侵占公司资产，损害其他股东的合法利益。另一

种是“内部人控制”。一些经理可利用对企业的控制权，不仅在经营上采用短期行为谋求个人私利，而且任意扩大在职消费，肆意挥霍，化公为私，侵吞公司财产，损害股东利益。若两者合一，形成“内部人控制”下的“一股独大”，这样问题会更加严重。董事会成员和经理班子成员高度重合，使公司责任体制混乱，不少企业由董事长兼总经理，有的还兼党委书记。这样，董事会就不能有效地监督经营者，相反还可能被他人利用或控制。如此，就弱化了企业内部的决策和监督职能。这种情况在国有企业中相当普遍。

监事会监督无力，主要是因为出资代表与董事会成员、经理班子成员大多处于同一大股东单位。职工代表监事在本公司领薪并接受经理的领导和管理，许多公司监事会主席由工会主席担任，而工会主席实际上是董事会任命的，其奖金待遇都取决于董事长，这种关系使监事会不可能规范、严格地行使监督权。总的看来，我国国有企业改制后，公司治理结构存在的缺陷主要在于政治体制改革滞后；政企难分，产权制度发育不合理；市场发育不良等。不少改制后的国有企业仍然延续了政府行政管理的模式，董事长都是由上级政府任命的。事实上董事会成员多数由原企业的厂长、经理、党委书记等组成，外部董事会常由上级任命。董事会不仅无权决定经理的报酬，而且也无权决定经理的人选。由于政治体制改革滞后，至今党政一元化领导或党政不分的传统影响仍难消除，企业党组织拥有企业重大问题决策权和人事安排权，并按党管干部的原则参与选拔、管理，而在《公司法》中明确应由董事会聘任和经营者提请聘任或解聘部分行政人员。在这里，国有企业管理仍然带有计划经济时代的痕迹。所以，国有的大、中型企业的公司治理难以实行下去。要改变此现象，关键在于要进行政治体制改革，并取消委任制，由职工代表大会或职工大会选举产生董事会成员和罢免其成员。

二、建立法人治理模式

在国有企业改革的过程中，对国有企业本身有着各种各样的分类：

（1）从规模上划分为大、中、小型企业三种类型，或划分为大型、中小型两大类。

（2）从经营目标上划分为政策性和盈利性两类。

（3）从参与市场程度上划分为竞争性与非竞争性两类。

（4）参照国际上的惯例，可划分为政府企业、特殊法人企业、股份制企业三大类。

由于企业规模的大小是相对的，且经常在变化，其参与市场的程度取决于企业的经营目标。研究公司法人治理结构时，将国有企业划分为盈利性和非盈利性较为适合我国国情。因为有一类企业是专为政府部门提供特殊产品或服务于国家整体利益、宏观发展目标及宏观调控需要的，不是追求利润的企业，如军事工业、国防和航天工业、铸币（造币）厂、黄金生产企业和某些高新技术、科研机构企业等。它们不能以盈利为目标，更不能自主经营、自负盈亏，也不需要政企分开。这类企业不是真正意义上的现代企业，而是执行特定任务的经济单位或附有政治任务的专业化组织。在我国现行条件下，绝大多数国有企业在市场经济条件下，是以盈利和服务为主要目标的，所以必须实行政企分开、自主经营、自负盈亏。这类企业投入实际生产过程的各个生产要素都具有资本的性质，与资本主义生产条件下所起作用的种种规律同样发生作用。这类企业是社会主义市场经济体制的细胞，在外受到市场竞争的压力，在内则由追逐企业利润最大化所驱动。企业内部形成的投资者、决策者、执行者等不同利益主体由章程、合同联结成一体，存在着权力和利益分配问题，因此需要进行公司制改革，需要建立和健全公司治理结构。应通过改革和运用《公司法》来管理国有企业，严格按照《公司法》规定范围内的国有企业行为标准来执行。

目前，我国国有企业改革建立的公司有几种：第一种是国有资本独资公司，第二种是国有资本控股的公司，第三种是国有资本参股公司。其中，第一种类型属于社会主义公有制，其性质是社会主义的；第二种、第三种类型属于混合所有制，也就是属于国家资本主义性质。由于国有资本独资公司和国有资本控股公司与非国有公司企业有相同的市场环境、大同小异的企业运营目标，它们的法人治理结构是否健全关系到企业的科技开发能力、市场竞争能力和抗御风险能力，关系到企业的生存和发展，因此必须妥善安排、合理设置。因此，探讨这三种公司怎样健全法人治理结构，具有重要的现实意义和深远的历史意义，这可以为中国未来的国企深入改革提供参考。

建立法人治理结构不等于要求所有的国有独资公司或控股公司建立完全统一的公司治理模式。实际上世界上的发达国家就没有统一的公司治理模式，在我国也难以找出一种适合所有公司的规范的治理结构模式。但是公司制治理结构需要完善才能得到有效的保障，因此在企业的管理方式上，如果哪种模式适合我国国情，管理效率高，就运用哪种模式。在我国探索改革开放的过程中，必须建立适合中国国情的企业改革制度，建立合理的企业产权制度，完善市场体系，改革企业人事管理制度和收入分配制度等，这样才能适应社会主义市场经济体制，适应中国特色的社会主义制度，否则，法人治理难以成功。

三、现代企业体制的发展趋势

（一）我国原有的国有企业所有制

20 世纪 50—70 年代，我国只有全民所有制企业和集体所有制企业。从理论上来说，企业所有权属于全体劳动人民。全国几亿人口乃至十几亿人口，每一位个人都无法对一家家企业有效地行使所有权，但都可由人民代表的政府行使。可行的方案是由全国、省、市三级人民代表大会，选举产生同级国有资产管理机构代表全体人民统一行使国有资产所有权，直接对人民代表大会负责。国有资产管理机构不是行政组织，而是具有法人资格的经济实体，其成员可连选连任。这样不仅有利于党政分开、政企分开，也有利于政府转变职能，还有利于抑制腐败。国有独资企业和国家拥有股份的企业，由各级国有资产管理机构选派出资人代表，行使原始资本所有者的权利。由于国有资产实行分级管理形成了多个国资委经营主体，因此国有独资公司也应该逐步实现产权多元化。

产权多元化有多种方式，其基本组织形式是国有股份制公司。要建立职工代表监督机制，由职工代表来监督国企高管人员，但是这个职工代表组织必须是强有力的组织，否则就如同虚设。

（二）企业的产权制度是否合理，关键问题在于是否承认人才资本的个人产权

在计划经济体制下，全民所有制企业是否定资本、否定任何个人产权的，生产资料和劳动者是运用行政力量组合起来进行生产经营的。而在市场经济体制下的国有股份公司和控股公司，把投入的货币、实物、工业产权、非专利技术、土地使用权等非人力生产要素当作资本，肯定其个人产权。在全民所有制企业中，劳动者不仅应拥有非人才资本中属于自己的那一份，更应拥有自己的人才资本产权。因此国有企业要明晰产权，就必须在改革体制时划分清非人才资本和人才资本的份额，除国家投资按平均利润率应得收益形成的资产外，其余部分应作为原有职工多年凝结的劳动，量化到个人，让员工领回或转为投资。领回量应以该职工在本企业所得全部报酬占企业历年员工全部报酬的比例为依据，即与其为企业提供的劳动量相对称。改制后与公司订立劳动合同的员工，由市场调节拥有人才资本产权份额，大体可依资本循环一个周期中所获得的全部劳动报酬计量。

市场经济体制下的盈利性国有独资企业及国家资本主义企业与其他企业一样，都是人才资本和非人才资本的有机组合。任何一种产权交易，只有产权清晰，产权拥有人真正到位，并对企业发展、盈利高度关注，才可以推选出能够代表股东利益的、有决策能力和知人善任能力的成员，组成有权威、高效率的董事会和经营班子，才能产生高效的公司制管理体制，形成由职工代表监督的、高效率的公司制管理模式。

在我国现在的经济制度是以公有制为主、多种所有制并存的制度，既有国有制，又有私有制和外资企业所有制。西方市场经济国家的企业制度，绝大多数是在古典企业体制基础上演化而来的，以私有产权为主，以自己的财产对象为利益，不为公共所有。从历史上看，市场经济与产权主体独立制“联姻”也有数百年历史。在这种企业制度中，所有权与经营权分离，随着私有产权的演变发展，实行“三权分立”，即“三权分权与制衡”的产权结构，并在此基础上改建产权结构，实现现代企业制度。我国的现代企业制度基本上是在国有制企业的基础上改建的，以公有产权为主体，又有多种所有制结构并存，这样就带有中国特色，也就是所谓的中国特色社会主义市场经济体制结构。

（三）我国现代企业管理体制向欧美模式转化

国有企业从20世纪80年代初开始改革，从扩大企业自主权的分权或“放权让利”改革到实施承包制和企业股份制改革，以及推广现代企业制度改革等，由国有企业转变为市场经济体制下的现代公司制企业。也就是由计划经济体制向市场经济体制转变。

在我国改革国有企业的过程中，其制度创新是以政府推进为主的，但并不排除非公有制经济企业的自然演进，一批民营企业和外资企业应运而生，如温州民营企业、义乌的商贸市场等，正是由个体、合伙的股份合作公司制自然演变而成的。温州和全国各地一样，以地区经济为依托，充分发展市场条件、市场环境，进而催化产生了一批民营企业，最终形成民营企业群，并向现代公司企业制度过渡。同时，也引进了一大批港、澳、台资企业和外资企业。

随着改革开放的深入发展，大批外资被引进到国内，独资企业、合资企业和合作企业等来到中国谋求发展，加上跨国公司的引进，外资在我国约占半壁江山。随着外商的来华投资，带来了外国的企业管理模式，无论美国还是欧洲、日本等国的管理模式，都是引进来的“良种”。但在中国的土壤上，必须培育出适合中国国情的模式，否则就可能吃“夹生饭”。

尽管中国现代企业体制的发展趋势是向欧美模式演化，但要防止全盘西化。要适合中国国情，才能健康发展。同时，也要有所创新，迈向国际化、全球化和时代化，这样中国的现代企业体制才能适应国际的竞争环境，向更高、更深层次发展，从而更加符合中国特色社会主义的发展道路和社会主义市场经济体制的客观要求。更重要的是培养和造就大批懂高科技、营销管理和生产业务的高级专业人才，同时也应在全世界范围内选拔引进高级人才，包括留学生回国创业发展，这样才能更快地推动中国企业创新发展。

现代高科技的快速发展，离不开高级人才的支撑，而高级人才又来源于人才资源的开发和利用。所以，21 世纪经济的竞争，是高科技的竞争，而高科技的竞争又决定于高级人才的竞争！

参考文献

1. ［德］卡尔·马克思．资本论（第一卷）．中共中央马克思恩格斯列宁斯大林著作编译局译．北京：人民出版社，1975.

2. ［德］卡尔·马克思．资本论（第一卷）．曾令先等译．北京：人民日报出版社，2006.

3. 梁裕楷等．人力资源开发与管理．广州：中山大学出版社，1999.

4. 何立胜．中外企业制度嬗变的比较研究．北京：中国财政经济出版社，2004.

5. 彭刚等．中国经济发展理论与实践研究．北京：中国人民大学出版社，2004.

6. 马洪，王梦奎．中国发展研究：国务院发展研究中心研究报告选（2004 版）．北京：中国发展出版社，2004.

7. 胡鞍钢．全球化挑战中国．北京：北京大学出版社，2002.

8. 欧江波等．促进我国中小企业发展政策研究．广州：中山大学出版社，2002.

9. 王付昌，郭文亮. 中国近现代发展史论. 广州：中山大学出版社，1997.

10. 欧阳洁等. 成功企业人力资源科学管理研究范例. 广州：中山大学出版社，2003.

11. 陈锋. 智慧的辉煌：世界10大科技进步. 北京：中国计量出版社，中国社会科学出版社，1999.

12. 李剑. 人力资源管理实务必备手册. 北京：中国言实出版社，2000.

13. 卢希悦. 科学技术是创造新价值的巨大源泉. 北京：经济科学出版社，2002.

14. 世界银行编写组. 全球化、增长与贫困：建设一个包容性的世界经济. 北京：中国财政经济出版社，2003.

15. 张华夏，叶侨健. 现代自然哲学与科学哲学. 广州：中山大学出版社，1996.

16. 杨继绳. 邓小平时代：中国改革开放二十年纪实（上、下卷）. 北京：中央编译出版社，1998.

17. 谭力文，吴先明. 国际企业管理（第3版）. 武汉：武汉大学出版社，2010.

18. 杨先明. 发展阶段与国际直接投资. 北京：商务印书馆，2000.

19. 国家发展和改革委员会. 中华人民共和国国民经济和社会发展第十二个五年规划纲要. 北京：人民出版社，2011.

20. 王雪梅，谢实等. 西方经济学简史. 昆明：云南人民出版社，2005.

21. 黄烨菁. 经济发展的全球观. 上海：上海远东出版社，2003.

编后语

本书于 2004 年已基本成形，由田湘南编写，原书名为“中国企业发展趋势与人才资源管理”，同时在 2010 年将此书赠送给西南政法大学图书馆收藏。2013 年，书稿经田湘南、陈广仁、郑朝亮、刘洋四人共同执笔，重新改写，增加了不少内容，以“企业发展与人才资源”为书名，由暨南大学出版社公开出版。本书研究人才资源在企业发展过程中的作用，并论述了企业发展与人才发展战略，阐述了人才的甄别和怎样看待人才、培养人才、吸引人才，同时阐述了人才在历史和现实生活中发挥的巨大作用，尤其是高级人才。高级人才对人类社会发展所作出的贡献可谓卓越！

当然，由于作者学识和水平所限，书中肯定存在不足之处，敬请读者指正。

田湘南

2013 年 9 月